철학자의 고백

Confessio Philosophi

신학자와 철학자의 대화

−인간의 자유와 하나님의 정의에 대한−

Fragmentum Dialogi de Humana libertate et justitia Dei

고트프리트 빌헬름 라이프니츠
배 선 복 역·주

철학자의 고백
Confessio Philosophi

지은이 고트프리트 빌헬름 라이프니츠
옮긴이 배선복
본문소장 하노버 주립도서관 라이프니츠 문고
집필년도 1672년 가을 -1673년 겨울
집필장소 프랑스 파리
본문출전 곳프리트 빌헬름 라이프니츠 철학저작 및 서한전집 3권,
          베를린 학술원판 1980.
초판 1쇄 2025년 2월 15일
펴낸곳 모나드 출판사
주소 서울시 용산구 두텁바위로 59-1, D-21
전화 010-3249-7712
팩스 0508-931-7712
이메일 sbbaemedia@naver.com
홈페이지 www.monad-institute.com
등록번호 제 2022-000059호
ISBN 979-11-983468-2-7(93160)

머리말

이 책은 1672/3년 프랑스 파리에서 신학자와 철학자가 주고받은 라틴어 대화를 기록한 글이다. 두 학자는 하나님의 정의와 인간의 자유를 두고 변신론의 입장에 대해 토론한다.

신학자와 철학자는 하나님께서 정의로우시다면, 어째서 더 사랑하고 덜 사랑 받는 인간이 있으며, 하나님이 좋은 분이라면 왜 도처에 죄악이 있으며, 하나님께서 능력이 많으시면 악도 없애면 되지 않느냐며 의견을 나눈다.

본문은 하나님의 정의를 '하나님은 모든 인간을 사랑한다.'는 명제로 시작한다. 하나님은 모든 인간을 사랑하고, 자신을 인식하는 자를 언제 어디서나 동일하게 인식하고 돌보신다는 뜻이다.

신학자와 철학자는 '나'의 정신은 악한 영이나 선한 영의 어느 쪽으로도 갈 수 있다고 전제한다. 정신의 본질은 우주 창조의 빅뱅에서 지금까지 어느 누구라도 막을 수 없는 자유가 있다고 보기 때문이다. 정신은 사유가 자유일때 하나님의 정의에 다가가 무한 조화로 타자와 교류한다. 때와 곳은 시간과 장소로 영혼이 몸을 지각하는 조건이다.

'나'는 몸과 정신의 결합하고 해체하는 때와 곳이 있었고 있고 있을 존재다. 이 세계는 같은 시간과 같은 장소에 동일한 두 존재가 들어설 수 없기 때문에 분간할 수 없는 동일한 사물에 대해 개별화가 일어난다.

신학자와 철학자는 몸과 영혼의 분리에서 세계를 바라보는 시각이 생겨난다는 점을 주목한다. 몸과 영혼의 분리에서 하나님을 미워하는 자는 비관론에 서고, 하나님을 사랑하는 자는 낙관론에 선다. '나'는 하나님을 사랑하므로 '나'의 현재 의식에서 한 단계 높은 영혼 불멸의 길을 간다.

헤겔의 정신 철학은 하나님에 대한 불행한 자의식은 인류 정신을 한 단계 끌어올리는 원동력으로 본다. 쇼펜하우어는 모든 가능한 세계들 가운데 최상의 세계를 가장 좋은 세계로 선택하였다면 그 세계는 조금이라도 더 나쁘지 말아야 하므로 세계를 비관적으로 보았다. 들뢰즈는 모든 가능한 세계들 가운에 가장 좋은 세계가 이 세계라는 하나님의 선택은 그것이 수학적 연속성을 함축하는 유일한 세계이기 때문에 라이프니츠가 그렇게 주장한 것이라고 보았다.

신학자와 철학자가 하나님의 정의와 인간의 정신과 의지의 자유에서 신앙과 이성의 조화에 대해 솔직한 대화를 나누는 것은 흔치 않은 일이다.

이 책은 전자출판으로 나왔는데 이번에 인공지능(AI)과의 대화와 조언을 받아 종이책으로 출간한다. 이 책을 통해 독일어, 영어, 불어, 러시아어, 포르투갈어, 스페인어, 등 다양한 언어로 하나님의 정의와 인간의 자유에 대한 라이프니츠의 변신론에 대한 생각을 읽을 수 있다.

목차

머리말 • 3
1. 서지 사항 • 8
2. 두 명의 독자 • 10
3. 작품 해설 • 12
  3.1. 배경
  3.2. 인식론
  3.3. 개별화
  3.4. 두 길
  3.5. 두 시각
  3.6. 하나님의 이름
4. 일러 두기 • 28
신학자와 철학자의 대화 • 29

5. 라이프니츠의 생애와 사상 ● 154

  5.1. 탄생, 성장과 학창 시절(1646-1666)

  5.2. 마인츠 시절(1667-1671)

  5.3. 파리 시절(1672-1676)

  5.4. 하노버 시절(1677-1688)

  5.5. 이탈리아 여행(1689-1690)

  5.6. 새로운 역학과 예정조화론(1691-1699)

  5.7. 베를린 시절(1700-1711)

  5.8. 비인 시절(1712-1714)

  5.9. 말년(1715-1716)과 유고

6. 참고문헌 ● 178

찾아보기 ● 181

1. 서지사항

이 책의 원문은 사본 A와 사본 B라는 두 필사본으로 전해오며 하노버 대학 라이프니츠 문고가 보관하고 있다.[1]

사본 A는 라이프니츠가 직접 1672/3년 프랑스 파리에서 집필한 것으로 전문 필경사가 옮겨적었다. 다섯 개의 진주에 별판이 새겨진 무늬 종이에 적은 사본 A는 「하나님의 정의와 인간의 자유에 관한 한편의 대화」라는 부제를 달려 있다. 많은 부분이 교정과 깨알 같은 문구들로 보충되었고 부분적으로 헐고 떨어져나가 보존 상태가 안좋다.

사본 B는 1678년에 같은 종이 재질의 양면 6장에 사본 A의 중반 이후를 옮겨 적었다. RH 문자에 왕관 이래에 우편 마차의 나팔로 그려진 종이 문양의 사본 B는 「신학자와 철학자 사이의 대화에 나타난 논의를 다른 각도에서 다루기 위한 예정론에 관한 하나님의 정의에 대하여」라는 부제가 달려있다.

원문의 내용은 신학자와 철학자의 대화 형식으로 구성된다. 사본 A는 세례 증여자라는 의미의 카테히스타 테올

---

[1] 유럽의 도서관이나 수도원에는 보존된 고문서의 필사본을 형광등으로 비추면 무늬 표시가 드러난다. 모든 종이에 무늬 표시가 있는 것은 아니나 종이 제작사와 출판사의 사용 방식에 비추어 작품의 출간 년도를 추정한다.

로구스라는 신학자와 세례 수세자는 카테후메누스 필로조푸스라는 철학자가 대화 상대자로 등장한다. 사본 B는 신학자를 테오필로스, 철학자를 에피스테몬이라고 호칭한다. 테오필로스는 테오스 θεός에 필로스 φιλόσ의 합성어로 하나님을 사랑하는 신학자라는 의미이고 에피스테몬 ἐπιστημω은 에피스테메 ἐπιστήμη, 곧, 인식을 사랑하는 철학자다.

원문의 여백은 스텐젠(N. Stensen, 1638-1686)이 개입한 이의 제기와 라이프니츠의 반박문으로 채워져 있다.

2. 두 명의 독자

이 책이 세상에 나왔을 때 이미 두 명의 유명한 독자가 있다. 라이프니츠는 하노버에 있는 그의 서재에서 그 중 한 명과 1678년 12월 7일 심층 대화를 나누었다. 이 독자는 이 날 24차례 자신의 필체로 사본 A의 본문 행간에 개입하였다. 라이프니츠는 4차례를 기각하고 나머지는 반박하였다. 이 독자가 덴마크 출신의 의사 스텐젠이다. 그는 이탈리아에서는 피렌체 대공 주치의였고 프랑스에서는 데카르트와 토론하였던 광물학 분야의 권위자였다. 스텐젠은 1677년 하노버 공국의 보좌 신부로 부임하자마자 라이프니츠와 교류하면서 이 책의 첫 독자가 되었다.

다른 한 명의 독자는 파리 시절에 알았던 얀센주의자 아르노(A. Arnauld, 1612-1694)다. 라이프니츠는 1686년에 집필한 『형이상학강론』의 논평을 그에게 부탁한 적이 있다. 라이프니츠는 『변신론』 § 211에서 죄란 하나님의 우주의 최상의 계획에 포함되었기 때문에 허락되었다는 견해에 대하여 "그에게는 그다지 깜짝 놀랄만한 일이 아닌 것으로 여겼"던 모양이라며 그의 신학적 고견을 존중했다. 라이프니츠는 36차례의 서신 교환에서 자신을 개신교에서 가톨릭으로 자신을 개종시키려는 아르노에게 예정조화론을 설득하였다. 두 명의 독자는 이 책에서 라이프니츠가 전개한 변신론의 기본 내용을 알고 있었다.

3. 작품 해설

1. 배경

이 책은 하나님을 중심으로 유럽의 평화를 희구하기 위한 배경에서 라이프니츠가 집필하였다.[2] 유럽은 종교 전쟁 이후 가톨릭과 개신교의 화합을 위하여 1646년 베스트팔렌 평화 조약을 맺었다. 그 시작은 '모든 유럽인은 하나님을 인식한다.'는 명제다. 유럽의 정신 문명은 하나님의 정의를 바탕으로 전쟁 대신 평화로 갈 수 있다고 본다. 그래서 이 책은 하나님이 계신다고 하면, 그 분은 존재하신다고 가정한다. 이것은 프랑스의 전제 군주 루이 14세를 하나님처럼 전제하는 세속화 정리가 아니라, 절대적 필연성에 의한 하나님 존재의 가정이다.

라이프니츠는 데카르트의 사유와 연장에서 사유하는 자와 사유된 것 사이의 우주의 전체 조화를 요구한다. 이 요구에 따라, 하나님의 존재를 정하면 사물의 질서가 생겨나고, 그렇지 않으면 그와 관련된 사물의 전체 열이 사라진다. 사물의 열과 질서는 하나님을 정하느냐 마느냐에 따라

---
2 라이프니츠가 보는 기독교 국가는 세속 국가와 영적인 수장으로 황제와 교황이 통치하는 모델이다. A. Kenny(2006), 71.

들어 올려지거나 사라진다. 이성은 하나님과 인간을 위하여 동일하게 생각하고 계산하기 때문이다. 인간 스스로 하나님의 존재를 승인하고 따라갈때 세계의 존재를 포기하지 않을 충족 이유가 있다.

충족 이유란 육체의 가사성과 영혼 불멸을 향한 행위의 선택을 인간 정신의 자유에 근거를 둔다는 뜻이다. 인간이 자유로이 행동할 존재인지 아닌지는 종교 개혁 이래로 논쟁거리다. 인간이 사유만으로 육체의 가사성을 넘어서서 귀신같은 솜씨로 행동한다면 하나님과 대등하다고 생각할지도 모를 것이다.

'하나님은 모든 인간을 사랑한다.'와 '모든 인간은 죄인이다.'는 명제에는 하나님의 정의와 인간의 자유가 양립한다. 양 명제를 하나로 묶어보면 하나님은 모든 인간을 사랑하실 뿐 아니라 죄도 허용하신다는 함축이 있다. 죄에는 저주와 벌이 따르기 때문에 용서에는 인간과 하나님 사이의 사랑의 화해를 기대하게 된다. 하나님께서는 사물의 보편 조화의 궁극적인 원천이시고 사물의 보편 조화를 위하여 죄 자체를 허용하시기 때문이다. 하나님의 존재로 말미암아 인간 의지 행위에 상응하는 상벌로 사랑과 미움의 현상이 생겨난다.

2. 인식론

 신학자와 철학자는 하나님을 전제 군주와 같이 제멋대로 하고 어떤 속임수로 이성을 기만하지 않을 자로 본다. 이성적으로 보면, 인식 주관과 인식 대상 사이에 세계의 외적 사물의 질서를 둘러싼 일정한 조화의 비율이 존재한다. 사유는 전체 사물의 열에 깔린 충족 이유를 통해 세계의 보편 조화에 이성적으로 관여한다. 전체 사물에 내재하는 보편적 질서를 합리적으로 밝혀내면, 하나님께서 인간이 지각하는 것을 속일 탁월한 이유를 가지실 수 없다는 것이다.

 신학자와 철학자는 인식은 외부 세계를 향하는 의지가 있고 다음에 대상을 원하는 의욕이 뒤따를 때 성립한다고 전제한다. 이 순서의 가장 앞 자리에 의지가 있다. 의지로 인해 지성이 생기고, 지성으로 감각 대상이 온다. 감각되는 원인은 감각과 감각 대상 사이의 상태에서 인식된다. 사물의 현재 상태는 현재의 이전 상태에 의존하고, 이전 상태는 이전의 이전 상태에 의존한다. 이와 같이 사물의 현재 상태는 대상적 사물의 이전 상태의 계열에 따른다. 이 계열을 따라 끝까지 올라가면 사물의 열의 연속은 궁극적으로 하나님의 지성에 맞닿는다.

 인식은 사물의 현재 상태와 이전 상태를 의지와 지성으로 연결하여 감각을 유지한다. 어떠한 미물이라도 감각 사물의 열은 전 우주에 사슬처럼 얽히고설킨 충족 이유로 연계된다. 철학자와 신학자는 전 우주가 하나로 연계된 곳에서 인간도 하나님도 동일한 논리를 사용한다고 지켜본다.

이 세계에 있는 나 자신도 존재 이유가 있다. 나의 몸과 마음, 혹은 나의 육체와 영혼은 조화에 근거한다. 나의 몸이 너의 몸이고 너의 몸이 나의 영혼이라고 할 수 없다. 누구라도 자신의 몸과 영혼에 대해서만 자신의 고유한 인격을 말할 수 있다.

철학자와 신학자는 현존재의 육체가 조화로 영혼으로 돌아오는 곳에서 가장 큰 행복과 고난의 놀라운 비밀이 예견되었다고 한다. 영혼과 육체의 조화는 신체적 감각 영역에서 느낄 수 있는 심리적 견해를 갖는다. 예를 들어, 아프다, 기쁘다, 슬프다, 뜨겁다, 아름답다, 느긋하다, 등, 심리적 견해는 감각 영역에서 대상을 선취하려는 입장에서 오는 표현이다. 심리적 견해는 오늘날 의학, 과학, 미학, 심리학, 인지과학, 철학, 예술, 공학 등의 분야에서 각각 다르다.

신학자와 철학자는 감각 인식의 무지와 한계 때문에 죄의 존재와 사물의 이념은 하나님께서 정하는 방식에 따라 달라진다고 동의한다. 그러기 때문에 신체적 입장과 심리적 견해에는 죽을 수밖에 없고 저주받을 수밖에 없는 죄의 본질이 있다. 지금 이 자리에 일어나는 아주 작은 파동이나 움직임은 인식이 쫓아가지 못할 다름이지 저 멀리 우주 공간까지라도 어떤 상황으로 연결되어 있다. 당대 로크 인식론의 원칙은 지성에 없으면 감각에도 없다고 여기지만, 감각을 매개하는 대상은 개념과 지성을 통해서만이 외부 세계로 나가는 객관적 확실성을 담보한다.

신학자는 하나님의 지성을 빛의 광채와 어둠 사이에 놓인 감각 관계로 비유한다. 감각 지각은 칠흑같은 밤에 빛의 광채가 통과할 때 대비되는 빛과 어둠 사이에 있다. 영혼은 이론적이든 실천적이든 우리 안에 있는 사물의 본질에 대한 접촉으로 알려진다. 철학자는 인간은 스스로 어떤 외부 원인도 감각 지각을 일으켜 영혼과 상호 작용하도록 규정된 존재는 아니라고 한다. 하나님께서 궁극적으로 인간 영혼에 있는 감각적 뿌리에서 형이상학적으로 엄격하게 지속적으로 작용하신다. 우리가 하나님만 붙잡고 매달릴 때 그분은 감각 지각을 공탁 dipositio 하신다. 감각 지각은 공탁된 법칙을 따르기 때문에 우리는 하나님의 힘에 의해서만 모든 사물의 이념을 갖는다.

사물의 보편 조화는 인간의 외부 세계에 각인된 하나님의 지성에서 생겨났다. 정신은 사물의 보편 조화에서 서로를 분간하는 능력으로 회귀한다. 다양한 정신은 무형이기 때문에 조화와 부조화로 이 혹은 저 영혼이 이 육체 혹은 저 육체에 씌워졌다는 점을 안다. 정신은 아니무스 animus, 영혼은 아니마 anima로 모두 무형의 본질이지만 문맥의 뉴

앙스에 따라 마귀, 분리된 실체, 천사 등으로 부르는데, 여기서는 귀신들이라 부른다. 이들에게 형이상학적 동일성의 원칙이 필연적으로 적용된다. 동일한 것으로부터 상이한 것이 생기고, 동일한 것이 상이한 것이 되는 것은 불가능하다. 형이상학은 하나의 동일한 양을 집어넣고 거기에 다시 동일한 양을 빼면 다시금 똑같은 것이 나오는 것을 필연적으로 규정한다.

라이프니츠는 모든 행성 운동이 원환 운동을 따를 때, 인간이 세계의 원환 운동에 대한 노래를 정신적으로 완전히 포착한다는 것은 불가능하다고 여긴다. 여전히 순화되지 않은 가사 자는 개별적으로 산재하는 불협화음이 우주에 보다 필수적인 공명으로 되돌아오는 점을 모를 수 있기 때문이다. 그러므로 철학은 평화를 이끌어가는 정신적 조화의 산물이어야 한다. 두 홀수를 더하면 짝수가 되는 것처럼, 철학은 나누어 갈라져 벌어진 상이성을 통일하므로 형평의 규칙을 깨닫게 한다.

3. 개별화

신학자와 철학자는 하나님께서 모든 인간을 사랑하시지

만, 어떤 사람을 더 사랑하시고 덜 사랑하시는지는 더 이상 물을 수 있는 사안이 아니라고 여긴다. 이런 염려로 개인은 이 세계의 존재 방식을 정하고, 개인을 구분하는 원칙으로 개별화를 구한다. 정신이 인식하는 기능, 즉, 서로 서로를 알아보는 상호 인지 능력은 '정신' 혹은 '영혼'이다. 이들은 육체와의 조화로 통일을 이루는 불멸의 존재다.

과학적으로 고찰하면, 영혼들은 그 자체로 매우 유사하다. 하지만 그들은 오직 외부 인상을 통해 상이하게 각인되고 구분되어 숫자나 등급으로 분류된다. 오늘날 한 영혼이 더 이상 나눌수 없는 원자와 같은 단순 실체로 육체를 떠나면 어디로 갔는지 알 수 없다. 그는 오르지 숫자나 외부 인상만으로 구분될 뿐 어디서 왔는지 알 수 없다. 일상 생활의 대화에서, 너는 어느 누구를 닮고 행동은 어느 누구와 비슷하다고 말할때, 헥세이타스 *haecceitas* 개념이 비슷한 영혼끼리를 일맥 상통시키는 원칙이다. 이것임으로 번역되는 헥세이타스를 시간과 공간에 적용하면, 이것임은 전체 존재자로 확대된다. 이것임이 공간과 시간에서 사물을 외적으로 구분하는데 봉사하기 때문이다.

분간될 수 없는 동일성에 머무는 동일한 등급의 정신은 시간과 장소를 통한 개별화로 말미암아 이것이나 개인들로 생겨난다. 한 영혼이 다른 영혼 앞에서, 이 장소와 이 시간에서 비교되면, 거기에는 혹은 저기에는 개별화의 원칙이 작동한다. 이렇게 보면, 인간은 이 세계에서 현존재로 시간과 공간 안에 존재하며 아담과 이브가 왜 죄를 짓게 되었는지를 화내거나 분풀이할 필요가 없다.

시간은 사물의 순서와 순번을 제공하고, 장소는 위치를 배열하는 관계다. 뉴턴이 말하는 절대 시간이나 절대 공간이 있는 것이 아니라, 시간과 장소는 영혼이 다양한 등급의 정신을 지각할 수 있는 사물의 계기적 질서와 공존하는 상존 질서다. 그러므로 왜 이 영혼 A와 다른 영혼 B가 이 시간과 이 장소에 있는가?라고 묻는 것은 호명 대상에 대한 반복되는 셈에 불과하다.

이 책은 이것과 저것의 분간이 불가능한 곳에서, 형이상학적으로 일어나는 경우가 필연적이라면, 그것이 미래에 있게 되는 경우는 필연적이라고 한다. 만일 그것이 미래에 발생하는 경우일지라도 일어나지 않게 되는 것은, 그것이 일어나지 않게 될 개념이 현재의 개별자에 수임되었기 때문이다. 전자는 팥심은 곳에는 팥이 나고, 미래에 맺을 콩 열매의 알은 현재에 심은 콩알이 머금고 있다는 의미다. 못 먹는 콩은 먹지 말아야 하고, 팥 심은 곳에 콩이 날 수 없다.

미래에 발생할 경우가 모순을 함축할 경우, 발생할 경우와 발생하지 않을 경우의 개별자가 있을 수 있다. 현재의 개별자의 개념 안에 모순이 없다면, 있었고 있고 있게될 것이지만, 그렇지 않다면 있었지도 있지도 있게되지도 않을 것이다. 가능 세계 의미론은 형이상학적으로 과거, 현재, 미래에 대하여 동일한 논리 구조를 갖는다.

4. 두 길

아리스토텔레스는 『영혼에 대하여』에서 인간의 인지는 가능 지성과 능동 지성을 통해 영혼 불멸에 도달한다고 논증하였다.

테오프라스투스(Theophrastus, B.C. 287)는 우리가 우리 자신을 알게 하는 것은 숨 혹은 기식을 의미하는 푸시케 Ψυχή로 이것이 우리 자신의 일부이고 생명의 기능을 수행한다고 주석하였다. 이것은 누우스의 일부로 인간 유기체의 기능으로 능동 지성의 자발적 행위에서 우러나온다.

기원후 2세기 아프로디시아스(A. Aphrodisias, A.D. 200 경)는 능동 지성은 모든 인간에게 같고 하나님과 같다고 주장하였다. 그는 인간에게는 수동적 가능 지성이지만, 그것은 하나님의 활동성이 우리를 비추므로 우리 자신을 알게 해주는 능동 지성이라고 아리스토텔레스 영혼론을 주석하였다.

12세기 아베로이스(Averroes, 1126-1198)는 우주에는 오직 하나의 동일한 개별적 지성만 있으며 인간은 사유하지 않는다고 주장하였다. 아프로디시아스 추종자는 인간 영혼을 유기적 형식으로 보기 때문에 우주에서 인간 영혼의 해체 가능성이 아리스토텔레스의 입장인지를 문제삼았다. 아베로이스주의자는 수동적 가능 지성은 죽음 이후에 사라지나 모든 인간에게 공통적이며 영혼 불멸인 인간에게 능동 지성은 외부로부터 오는 초개별적 보편성으로 간주하였다. 이 입장에서 우리가 사유라고 것을 사유하면, 사유는 우리의 것이 아니라 하나님의 것이라는 논증이 나왔다.

아베로이스의 시각으로 인간 사유와 하나님을 바라보자 영혼 불별을 둘러싸고 수동적 가능 지성과 능동 지성의 책임 전가 문제가 등장하였다. 아퀴나스(T. Aquinas, 1225-1274)는 능동 지성에 관한 신학적 해석을 내렸다. 그는 능동 지성은 하나님도 아니고 모든 인간에게 동일한 것도 아니라고 하였다. 그것은 신체 기관을 갖지 않는 개별 인간 영혼의 최고로 가장 합리적 부분이다. 아퀴나스주의자는 "하나님이 태양이고 영혼의 빛이요, 이 땅의 모든 인간에게 온 광명이다."라고 해석했다.

아베로이스와 아퀴나스의 대립은 르네상스 시기에 철학적 관점에서는 참이나 기독교 신앙에서는 거짓이라는 이중 진리의 문제를 낳았다. 로마 교황청의 레오 10세는 1521년 라테란 공회를 소집하여 이중 진리를 정죄했다. 코페르니쿠스가 태양 중심설을 주장하자 이탈리아 대학에서 이중 진리의 문제를 활발하게 토론하였다. 지구가 태양 주위를 돈다는 것은 작은 진실이고, 「여호수아」 10장 3절에서 여호수아가 여리고 전투에서 가만히 있는 것은 지구가 아니라 태양이라고 말한 것은 더 큰 진실이다. 이중 진리 역시 '두 진리'다. 데카르트는 『철학의 원칙』에서 이중 진리 문제의 해결을 모색하였고, 라이프니츠는 이 책에서 신앙과 이성의 조화라는 길을 제시하였다.

5. 두 시각

영혼 불멸은 시간과 공간에서 보이는 것과 보이지 않는 것 사이의 경계에 놓인 존재 여부에 관한 논증이다. "정신이 한 장소에 충만하게 있고 부동의 순간에 힐끗 봄"은 질료에 대한 반성 작용이다. 이곳에서 신적인 본질의 새로운 환영이 성장한다. 이 책은 "감각 안에 없는 것은 지성 안에도 없다."라고 하지만 "지성 자체는 제외하라."고 한다. 모든 감각 대상에 지각의 지위를 부여하므로 영원까지를 지적으로 지각하는 인식의 순간에 영혼 불멸 논증을 기다려야 하기 때문이다.

"죽는 자의 상태, 즉, 죽을 때 그에게서 타오르는 하나님에 대한 미움이 그것입니다. 영혼은 요컨대 죽음의 순간으로부터 그에게 신체가 되돌려지는 한에서 외부로부터 새로운 인상에 열려져 있지 않으므로, 그와 같이 마지막 생각을 붙잡고 있습니다. 거기서 그는 변하지 않고 오히려 죽음의 상태로 고양합니다. 그러나 하나님에 대한, 즉 가장 행복한 자에 대한 미움으로부터 가장 큰 연민이 나옵니다. 사랑이 의미하는 대로 행복에 기뻐하는 것은 그래서 미움은 가장 큰 행복에 고통 받는 것입니다. 가장 큰 연민은 불행이거나 저주입니다. 누군가 죽을 때 하나님을 미워하는 자는 스스로를 저주합니다."[역자의 본문 번역].

사랑과 미움은 영혼과 육체의 분리를 지닌 인간의 운명과 숙명에 관련된 현상이다. 죽는 사람은 하나님에 대한 미움으로 불타오르고, 그로 인해 스스로를 저주한다. 저 '정신들의 저 갈라져 쪼개어짐'에서 세계는 진보적 낙관론과 비관론으로 갈라진다. 그곳은 한편으로는 사랑 안에서 불타오르고, 다른 한편으로 미움으로 인해 부패하기 때문이다. 행복한 사람에게 그곳은 외양이 아주 유사해서 '분리의 중앙', '분열의 핵', '저주받을 곳'이다. 그곳은 스피노자가 영원의 순간에서 본 우주의 영원한 모양 *sub specie aeternitatis*으로 오늘날 양자 역학이 바라보는 양자엉킴 구조와도 유사하다.

여기서 세상을 바라보는 두 종류의 인간이 탄생한다. 한 종류의 인간은 현재 상태에 만족하고, 다른 종류의 인간은 현재 상태를 미워한다. 이 상황에서 한편은 어떤 것을 획득하려고 하고, 다른 한편은 그 반대를 억누르려고 한다. 그곳은 두 욕망이 완벽하게 대칭을 이룬다.

라이프니츠는 "만일 한 물체가 동쪽에서 서쪽으로 가고 동시에 똑같은 동일 선상에서 동일한 힘이 서쪽에서 동쪽으로 거꾸로 움직이면, 그 물체는 두 가지의 동일하게 강한 서로 대립된 충동이 있는 양 방향에서 중지한다."고 한다. 그들이 서로 대립된 방향에서 억눌려질 때 그들은 역학적으로 그들의 작용력을 상실하기 때문이다.

'근거가 없이는 아무 것도 없다'는 충족 이유율은 '왜 이것은 그것과 다르고 그리고 이것이 없는 것이라기보다는 있는가?'를 표현한다. 이 명제의 의미론적 사태는 타인의 행복에 기뻐하며, 타인의 불행을 미워하고, 타인의 불행을 기뻐하고 타인의 행복을 미워하는 사랑과 미움의 현상학을 낳는다.

모나드 지각은 영혼과 육체, 물체와 운동 사이의 정신의 조화를 유지하는 힘이다. 이 조화는 영혼과 신체 사이에서 처음부터 끝까지 작용 원인과 목적 원인으로 예정되었다. 개별 존재자의 현존에서 물리적으로 '썩을 수밖에 없는 육체'의 죄는 사물의 영원한 이념의 장소인 하나님의 지성에서 허용되었다. 사물의 질서로 하나님의 본질의 현존과 사물 간의 비율은 필연적이다. 사물의 충족 근거에는 지성과 인식을 향한 최종 조화로서 하나님이 계신다.

6. 하나님의 이름

인간은 항상 관점, 견해 혹은 정열을 향한 방향을 따른다. 하나님은 언제나 의지와 이성의 근거로 계신다. 인간이 알려는 것이 악한 행위의 대상일지라도 알려고 원하는 것, 진리를 알려고 하는 것은 악이 아니다. 주어가 원하는 의지는 대상을 원하는 것이다. 하나님은 인간을 사랑하시고 거꾸로 인간은 하나님을 닮는다. 하나님의 행위와 인간의 행위 모두 동일한 논리 법칙이 적용된다. 하나님도 자신의 행위에 대한 일정한 근거를 필요로 한다. 최상을 행하지 않거나 가능한 불완전한 행위는 하나님의 온전함의 개념을 거스른다. 덜 좋은 것이나 조금이라도 최상이 아닌 것은 악의 성향으로 돌아서므로 언젠가는 악마적 작용으로 등장할 수 있기 때문이다.

인간은 생각하는 자로서 언제 태어나고 언제 죽을지도 모르지만, 현재 지각하지 못하는 근원적 이념을 지각한다. 나의 실체와 주어는 무수하게 분리된 많은 감각 사물과 무한한 사물의 집적도 기하학적 이해에 따라 독립적으로 이해하고 사유할 수 있다. 주어는 시간과 공간이 무한하게 분할되고 사물이 수가 무한하게 많을지라도 그들을 구성하는 감각 사물과 일치시킬 수 있다. 다만 정신 안에 어렴풋이나마 아는 지각이나 그 자체로 있는 감각을 모호하게나마 알 수 있다. 우리 안에 있는 사물의 대상에 이름을 부여하고 대상을 구성하는 능력은 우리 안에 있다.

지적인 기억은 우리가 감각하는 것을 구성하는데 있는 것이 아니라 동일한 공통 감각에서 유래한다. 주어의 대상은 자의식 안에서만 동일성을 유지하고, 주어에 의존하며 사유로 연장된 대상은 악마와도 연결될 수 있다.

이 책에는 은둔하며 명상하는 수도사와 하나님과 거의 동등한 지위의 바알세불이 등장하여 신학자와 철학자의 대화에 끼어든다. 바알세불은 유체이탈법 표현으로 대화상 '나' 이외의 또 다른 '나'다. '나'는 수동 지성이 능동 지성으로 또는 가능 지성으로 옮겨가는 상징적 자아다. 바알세불은 '아베르누스의 창백한 협곡[3]', 테나름[4]에 있는 그의

---

3 아베르누스 Avernus는 버질이 「아에네이스」에서 언급한 지하 세계의 입구이며 이탈리아 캄파니아 나폴리 서쪽 쿠마 근처에 있는 화산 분화구의 명칭이다. 이 분화구의 내부에 아베르누스의 호수가 있다.

4 테나름 Taenarum은 그리스 마니 반도 끝에 위치하는 고대 라코니아

'대양'이라는 독백으로 하계로 사라진다. 이곳은 유럽의 지성 세계에서 인간이 죽으면 들어간다는 하계로 믿어왔던 지명이다. 외부 세계의 확실성은 그 자체로 지각되는 기억과 그 이후로 오는 지각 형식에 대한 지각의 등차다.

철학자와 신학자는 '행복한 박자'를 통해 새로운 땅의 발견과 새로운 나라를 꿈꾼다. 가능한 사물의 열 가운데 가장 많은 가능성을 포함하는 세계는 오직 정신만이 사물의 원인으로 작용하는 최고로 좋은 우연적 현실이다. 그 세계에는 공간과 시간을 통하여 동일한 등급의 개차와 특차에 따라 개별화가 생긴다.

마을이다. 이곳에 지하 세계로 가는 입구로 죽음의 신이 거주하는 하데스의 동굴이 있다.

4. 일러 두기

-. ( )은 라이프니츠 혹은 필경사가 강조한 부분이다.
-. [ ]는 역자의 삽입이다.
-. 인공지능(AI)과의 대화와 번역을 참조하였다.
-. 본문의 수동태 문장은 가능한 능동태로 바꾸었다.
-. 17세기 구어체는 우리말 구어체로 일치시켰다.
-. 이의문과 반박문의 저자는 실명으로 대치하였다.
-. 본문의 일부 각주는 독일어 번역을 참조하였다.

신학자와 철학자의 대화

신학자 저는 카테히스타 테올로구스로서 세례 교리 문답을 시작하겠습니다. 저는 최근[5] 우리가 영혼[6] 불멸과 하나의 세계 통치자의 필요성에 대한 담론을 충분히 나누었음을 시인합니다. 당신이 계속 이런 식으로 저를 만족시킨다면, 제가 당신을 교화하는 데 큰 어려움은 없을 것입니다. 지금 하나님의 정의에 관한 날카로운 연구가 우리를 기다립니다. 특히 하나님의 예견에 대해 사물의 섭동 攝動[7]마냥 이와 같이 빽빽하게 밀집되어 번쩍거리며 대립된 적은 없었습니다. 만일 제가 계시의 빛을 받아 그 광채의 반사로 보다 순수하게 뻗쳐나가 당신을

---

5 '최근 nuper'은 라이프니츠가 1670년 마인츠 고등법원에서 「무신론자에 대한 자연의 고백」을 집필하였고 파리에 도착하자마자 이 주제를 다룬다는 점을 시사한다.

6 '영혼 mens'는 '영혼 anima'로 새긴다. 영혼은 존재론적 위계에 따라, 이성적 영혼으로 인간, 활동적 영혼으로 생물 또는 무기적 광물로 구분하며 기계론적 유물론은 자연에서 영혼의 파괴 불가능성을 문제로 삼는다.

7 '페투르바치오 레룸 perturbatio rerum'은 '섭동'이다. 이 용어는 코페르니쿠스 이후 천왕성의 불규칙한 운동을 지칭하며 천체의 불규칙한 운동이 인간 사회에 영향을 미친다고 간주하였다.

못 정신과 해후하도록 인도하면, 당신은 올바른 이성[8]의 도움과 계시의 안내로 연단되시기를 간절히 원합니다.

철학자 저는 세례를 받으려는 예비 신자 카테히스타 필로조푸스입니다. 저는 우리 사이의 대화의 조건에 만족합니다. 세례 문답을 시작하십시오.

신학자 그럼 곧바로 본론으로 들어가겠습니다. 당신은 하나님은 정의롭다고 믿나요?

철학자 저는 그것을 정말로 믿거나 오히려 그것을 압니다.

신학자 당신은 누구를 하나님이라 부르십니까?

철학자 하나님은 전지하고 전능하신 본질입니다.[9]

신학자 정의롭다는 것은 무엇입니까?

철학자 정의롭다는 것은 모든 사람을 사랑하신다는 뜻입니다.

신학자 그리고 사랑한다는 것은 무엇입니까?

---

8 렉타 라치오 혹은 오르토스 로고스 'recta ratio, ὀρθὸς λόγος'는 스토아 철학에서 이성적 행동이 개인과 사회의 질서를 구현한다고 보는 '합당한 혹은 올바른 이성'이다.

9 하나님의 속성은 전지성 omniscience, 전능성 omnipotence, 무소부재 omnipresence, 자비 mercy 등이 있다. 정신이 하나님의 은총을 통해 자연을 충만하게 알게 되는 때와 장소에 우주의 조화가 있다.

철학자 타인[10]의 행복으로 말미암아 정신이 기뻐하는 것입니다.

신학자 정신이 기뻐하는 것은 무엇입니까?

철학자 정신이 조화를 의식한다는 것을 의미합니다.

신학자 궁극적으로 조화란 무엇입니까?

철학자 다양성 속의 유사성 혹은 통일성으로 상쇄되는 다양성입니다.[11]

신학자 아하, 당신의 정의를 취하면 이렇군요. *하나님이 정의로우시다면, 모든 사람을 사랑한다는 것은 필연적이라는* 말씀이시죠?

철학자 확실히 그렇습니다.

신학자 그러나 당신은 쟁쟁한 학자들이 이 가르침을 거부하였다는 것을 모르셨단 말입니까?

철학자 당대의 몇몇 위대한 ○철학자들은[12] 그 가르침을 부인하였습니다. 그러나 그들은 단어의 다양한 의미에서 그 가르침을 긍정했습니다.

신학자 나중에 좀 더 자세히 설명드리겠지만, 저는 당신

---

10 '타인의 행복에 기뻐하는 사랑'은 타인의 기쁨을 전제하는 수평적 사랑이다.

11 17세기 과학 사상은 우주 만물을 서로 유사한 인식론적 관계에서 조화 속의 통일로 파악한다.

12 '위대한 철학자들'은 수학적 진리도 하나님의 의지로 믿는 데카르트와 정의를 강자의 이익으로 규정하는 홉스를 가리킨다.

이 지금 어떤 주제에 관심이 있는지 알고 싶습니다.

철학자   저는 제 스스로 답변하고 당신이 인정하는 주제에 대해 관심이 있습니다. 하나님이 전지하시다는 것은 당연하지않습니까?

신학자   어째서 그러합니까?

철학자   하나님께서는 어느 누구도 생각할 수 없는 지속적 조화를 지니시기 때문입니다.

신학자   맞습니다.

철학자   나아가 모든 행복은 조화이거나 미 美입니다.[13]

신학자   저는 인정합니다.

철학자   저는 다른 사람들이 그것을 부인할 수 없도록 증명할것입니다. 행복은 다름 아닌 정신입니다.

신학자   옳습니다. 어느 누구도 자기 자신을 존재하게 하는 정신을 알지 못하면 행복할 인간은 아무도 없습니다. (유명한 시구가 있습니다 너희가 너희의 복을 잘 안다면, 너희는 아주 행복하다.)[14] 누구라도 자

---

[13] 육체와 정신이 조화를 이루는 때와 곳에 행복이 있다.

[14] 버질, 『조지아』 II, 운문 458의 인용이다. 『조지아』는 기원전 37년에서 29년 사이에 버질이 집필한 4권의 교훈적 시이다. 1권은 농업 2권은 과일과 포도주 재배, 3권은 가축 사육, 4권은 양봉에 대해 교훈을 담는다.

신의 상태를 의식하는 자, 그자는 정신입니다.[15] 그러므로, 정신이 본질이 아닌 자는 어느 누구라도 행복하지 않습니다.

철학자 그것은 아주 멋들어진 결론이군요. 어떤 경우에도 행복은 그 자체로 은총으로 가득 채워진 정신 상태입니다. 참으로 조화 이외에 정신에 은총일 것은 아무 것도 없습니다.

신학자 확실히 그렇군요. 우리가 이미 잠깐 전에 약정한 것에 기뻐한다는 것은 조화를 의식하는 것 이외에는 아무 것도 아님을 의미한다고 하였습니다.

철학자 그러므로 행복은 최상의 조화로서 하나의 정신 상태입니다. 정신의 본질은 사유입니다. 그러므로 정신의 조화는 조화를 사유하는데 있습니다. 그리고 정신의 최대 조화 혹은, 보편 조화에 집중된 행복은, 다른 말로, 하나님에 속한 것이요, 정신 안에 있는 것입니다.[16]

신학자 멋지군요. 그것으로 당신은 요컨대 정신의 행복과

---

[15] '정신 mens'는 생각하고 인식하는 자아로 다양한 외부 대상을 선언적으로 결합하고, 다원적으로 구성하는 능력이다.

[16] 영혼이 작은 점에 아름답게 집중하고 정신도 내부에 집중할 때 하나님의 보편 조화가 생긴다.

하나님에 대한 명상이 애써 하나임을 증명하셨군요.

철학자 따라서 당신은 제가 모든 행복은 조화라고 말한 저의 논증으로 연결되신 같습니다.

신학자 우리는 지금 하나님이 모든 인간을 사랑하신다는 교리를 완전히 이해해야 할 시간입니다.

철학자 그 논의는 이미 마무리 된 것으로 믿습니다. 만일 모든 행복이 조화라면(증명에 따라), 모든 조화가 하나님께 인지된 것이라면(하나님의 정의에 따라), 그리고 모든 조화의 의식[17]이 기쁨을 의미하는 것이라면(기쁨의 정의에 따라), 모든 행복은 하나님을 기쁘게 할 것입니다. 따라서(우리가 앞서 짧게 설정한 사랑하다의 정의에 따라) 하나님은 모든 인간을 사랑하시며, 그렇기 때문에(정의로우시다는 앞선 정의에 따라) 하나님은 정의로우십니다.

신학자 전 당신이 제가 설교한 내용을 거의 남김없이 증명하였다고 말할 뻔했습니다. 제가 이해하기로, 당신은 제가 제시한 논증을 통해 일반 은총을 부

---

17 '의식 sensus' 대상은 '사유 양태'에 따라 모든 사물은 하나의 완전한 현실로 발전하기 때문에 의식 또한 정상에서 현상을 반영한다.

인하는 사람들은[18] 당신이 사용하는 단어의 공통된 의미를 곡해하지 않고는 우리의 논쟁에 끼어들 자격조차 없을 것이라고 말하고 계십니다.

철학자 저는, 그들은 당신이 모순되지 않게 사용하고 있는 단어의 양태[19]는 이해하지는 못했으리라 믿습니다.

물론 저는 그들 본래의 입장에서도 그 점은 도출할 수 있을 것으로 믿습니다. 만일 그들이 주장한 대로, 하나님께서 요컨대 선택된 자만을 사랑하시면, 그들은 한 인간을 다른 한 인간에 앞서 더 사랑하신다는 점에(이것은 요컨대 선택한다는 것을 의미한다) 충분히 동의한다는 점이지요. 이것은 선택이 존재한다는 것을 의미하며, 그 결과로 인

---

18 종교 개혁자 칼뱅(J. Calvin, 1509-1664)의 후계자 베자(T. Beza, 1519-1605)는 안드레아(A. Andrea, 1528-1590)와 모든 민족, 모든 인간에게 일반 은총 gratia universalis을 강조하는 입장과 은총의 선택에 대한 논쟁을 벌였다. 베자는 특별 은총 gratia specialis은 하나님에게 귀의한 선택된 자만이 재탄생으로 내려진다고 주장하였다.

19 '단어의 양태 modo verba'는 언어가 사물과 관계하는 방식이다. '단어에는 아무 것도 없다. nihil in verba'는 영국 왕립학회의 창립 모토 같이, 과학의 진보는 단어의 형식에 따르는 수학적 표현에 의거한다.

해 모두가 구원될 수 없기 때문에[20] (그림자를 통하여 생겨나는 하나의 음영 그리고 우선 불협화음을 통하여 생겨나는 음향 일치의 보편 조화에 따라) 일부는 사랑받지 못한 채 버려진다는 것입니다. 당신은 그 이유가 하나님의 의지에 따라 발생한 것이라 주장하며(요컨대 하나님은 죄인의 죽음을 원치 않으시기 때문이며), 그럼에도 그들을 선택하신다고 말씀하십니다. 이로 인해 사랑받지 못한 이유는 사물의 본질에 따라 그렇게 되었다고 칩시다.

따라서, 만약 하나님께서 한 인간을 사랑하시고 다른 인간을 미워하신다고 하면, 그 의미는 다음 같습니다 하나님은 그를 덜 사랑하셨고, 모든 사를 선택할 수 없기 때문에, 그를 내버려두셨다는 것입니다. 이는 덜 좋다는 것이 언젠가는 악의 근거를 받아들인다는 말씀 같습니다. 미움과 정죄는 부적절한 단어일 수 있지만, 덜 강한 사랑은 그 자체로 미움의 특성을 지니는 것이라고 할 수 있기 때문입니다. 그 경우는 두 종류의 사랑이 경쟁한다고 설명할 수 있습니다. 그러나 왜 하나님께서 다른 한 인간 보다는 어떤 한 인간을 더 사랑하시

---

20 참조, 「디모데 전서」 2장 3-4절.

는지는 깊이 들어가지 않는 것이 적절합니다.

신학자 실제로 여기서부터 어려움이 발생하는데, 행복으로부터 비교될 수 있는 관점이 무엇인지를 말씀하시는 것이 맞습니까? 두가지 관점을 고려할 수 있습니까?

철학자 어떤 부분이 어려워서 그렇습니까?

신학자 중요한 어려움은 이것입니다. 하나님께서 모든 사람의 행복을 원하신다면, 왜 모든 사람을 행복하게 만들지 않으신지? 또한 하나님께서 모두를 사랑하신다면, 왜 그렇게 많은 사람을 저주하시는지? 하나님은 정의로우십니다만, 왜 동일한 찰흙에서 하나는 명예의 그릇을 주조하고 다른 하나는 수치의 그릇을 주조하여 불공평하게 나타내 보이십니까?[21] 또한 하나님께서 죄를(그분은 악을 세상에서 배척할 수 있었을지라도) 알면서 허락하거나 혹은 인내하셨다면, 하나님은 죄의 선동가[22]가 아닌가요? 아니 죄를 따르는 방식으로 모든 것을

---

21 참조, 「로마서」 9장 21절.

22 'fautor'는 '작가 autor'에서 'f'를 붙인 접두어로 '선동가'다. 칼뱅주의자들은 '하나님을 죄의 저자 Deus est author peccati secundum Bezam'라 비난하지만, 본문은 '죄의 저자 auteur de peche'가 아니라 변호한다.

창조하셨다면, 그분이 저자가 아닐까요?[23] 그리고 죄의 필연성으로 악을 정한다면 자유 의지가 무엇이며, 자유 의지로 인해 형벌이 제거된 정의는 무엇이 됩니까? 만일 은총으로만 모든 일이 돌아간다면, 한 사람을 다른 사람과 구분하는 공은 누구에게 돌리리오? 마지막으로 하나님이 사물의 최종 근거이시라면[24], 인간과 마귀에게는 무엇이 돌아갈까요?

철학자 당신은 다수의 사안과 사물의 경중으로 저를 동시에 압박하시군요.

신학자 그럼 차근차근 살펴봅시다.[25] 당신은 만사에는 이유가 있다는 점을 동의하지 않았습니까?

철학자 예, 저는 그 점까지는 아주 잘 인정합니다. 저는 만사에 충분한 이유를 제시하는 것은 증명할 수 있다고 믿습니다. 왜 이것이 없는 것이라고 보다는 오히려 있으며, 왜 이것이 다른 것이기보다는

---

23 인간이 한 치의 자유 의지도 없이 필연적으로 죄만 짓는 경우, '아담은 그의 자유로운 부분에서 죄를 짓는다.'

24 '사물의 최종 근거 ultima ratio rerum, dernire rasion des choses'은 모든 사건 발생과 존재에 대한 근본적인 이유나 원인이다. 이 개념은 16~17세기에 '제일 원인 causa prima'과 동등하다.

25 '인간의 자유와 하나님의 정의에 대한 대화 Fragmentum Dialogi de Humana libertate et justitia Dei'라는 부제가 나온다.

그러한 것으로 있느냐는 충족 이유[26]를 정함에 (적어도 전지자로부터) 불가능한 어떤 것은 결코 존재하지 않는다는 것입니다. 누군가가 이것을 부인하는 자는 존재와 비존재[27] 자체의 차이를 가장 극명하게 폐기하는 것입니다. 존재하는 것은 모든 경우에 존재하기에 요구되는 어떤 것을 갖춥니다. 존재하기 위하여 요구된다고 가정하는 모든 것은 동시에 존재하기 위한 충족 이유를 갖습니다 그러므로 존재하는 모든 것은 존재하기 위한 충족 이유를 갖습니다.

신학자 저는 인류의 입장에서 충족 이유 논증 보다 실천적으로 더 좋은 적용 가능한 이의를 갖다댈 논증은 없다고 생각합니다. 그 이유는 모든 인간은 어떤 것을 지각할 때, 그 지각이 특별하게 알려져 있지 않으면, (왜) 그러한가를 이유를 묻기 때문입니다. 즉, 우리는 원인을 묻지만, 더 정확히는 작용 원인을 묻습니다. 혹은 작용 주체가 합리적 존

---

26 충족 이유율의 정식화다. 'cur sit potius quam non sit, et sic potius quam aliter sit 왜, 없기 보다는 이렇게 있고, 다르기 보다는 이렇게 있느냐.'

27 '존재 esse'와 '비존재 non esse'는 하나님의 우주론 존재 증명의 첫 번째 카테고리로 '포피리우스의 존재의 나무 Abor Phophyriana'의 가장 꼭대기에 위치한다.

재자라면 목적 원인을 묻습니다. 따라서 연구자의 (호기심), 그리고 (흥미)라는 단어는 (어떤 누구에게서부터) 어떤 것을 (묻다)는 의미를 담고 있습니다. 또한, 만약 이유를 발견했다면 그들은 한가함을 갖는 한에서 혹은 애쓸 가치가 있는 노력을 할 때, 철학자들은 자연스럽게 이유의 이유를 찾는 근거 자체에 대해 흔들릴 것입니다. 그들은 다른 측면에서는 일상 상황에서 단순히 그런 일이 일어나는 이유를 찾습니다.[28] 그리고 만일 그들이 이유를 발견하였으면 한가함을 갖는 한, 혹은 애쓸 가치가 있어 보이는 한, 한편으로 철학자들을 뒤흔들어놓는 필연적이고, 그 자체의 근거인 이유의 이유를 찾습니다. 그들은 다른 한편으로 단순히 멈추어 있어서 이미 일상적이고 익숙한 사태에서 왜 그런지 이유의 이유를 찾습니다.

철학자 그래서 그러한 이유 때문에, 충족 이유는 필연적으로 발생합니다. 그렇지 않으면 과학의 기초가 흔들릴 것입니다. 전체는 부분보다 크다는 명제는 산수와 기하학에서 양을 다루는 과학의 원칙입니다. 마찬가지로, 충족 이유의 명제는 물리학과 윤

---

28 '연구자'는 이성적으로 지각 원인과 작용 원인을 묻는다.

리학의 기초입니다.[29] 혹은 (행위하고 고난하는 능력 이외에는 아무 것도 아닌 질[30]이기 때문에) 동일한 것은 의심할 것도 없이 행위와 사유와 운동 과학의 근본 명제입니다.

그리고 당신 스스로 이러한 중요 명제를 끌어들임이 없이는 저나 다른 사람에게 가장 경미하고도 쉬운 도덕과 물리학의 교의조차도 증명할 수 없다는 것을 인정할 것입니다. 또한 하나님 존재는 그 위에 서 있습니다.

신학자 네, 당신은 충족 이유를 인정하셨습니다.

철학자 저는 당신을 이해합니다. 제가 명확하게 확증하려는 것은 의사 소통을 원활하게 하기 위함입니다. 또한 제가 당신의 주장을 정확히 이해하고 그에 대한 답변을 제공할 수 있도록 하기 위함입니다.

---

29 두 명제는 수학과 기하학, 물리학과 윤리학의 원칙이다. 1. *totum esse maius parte*: 전체는 부분보다 크다. 2. *nihil esse sine ratio*: 이유가 없이는 아무 것도 없다.

30 우리 안에 관념은 개념 *concept*이고 밖에 있는 것은 사물 *object*이다. 관념은 1차적 질 *primary quality*로 대상 인식에서 2차적 질 *secondary quality*의 속성을 갖는다. 1차적 질은 사물의 행위의 능력이나 운동이며, 사물의 크기, 형태, 수량 등이고, 2차적 질은 우리에게 고난을 일으키는 속성이다. 우리 안의 작용이 사물의 질로 전이될 때 일어나는 운동은 행위 *actio*와 정열 *passio*이다. 행위는 사물에 영향을 주고, 정열은 사물로부터 영향을 받는다.

신학자 　잠깐 주의하세요. 당신은 엉클어진 어려움의 사슬에서 어떤 복합한 문제가 파생되는지 아시게 될 것입니다. 보십시오. 유다는 저주받았습니다.

철학자 　누가 그런 것도 모를까요.

신학자 　이유도 없이 그랬을까요?

철학자 　죄송하지만 제가 오래전부터 동의한 사실이니 당신만 알고 계신 것으로 묻지 마십시오.

신학자 　그러면 그 이유란 무엇이겠습니까?

철학자 　제 생각에는 죽어 가는 자의 상태입니다. 즉, 죽어갈 때 죽는 자는 하나님에 대한 미움이 있습니다. 미움 속에 절망의 본질이 있습니다. 그러나 그것만으로는 이유가 불충분합니다. 죽음의 순간에 영혼이 육체와 분리되면, 영혼은 외부로부터 새로운 인상을 받아들일 수 없는 상태가 됩니다.

> 스텐젠 이것은 단순한 주장이십니다. 왜 영혼은 그가 처한 장소의 조건을 지각할 수 없을까요?
> 라이프니츠 영혼은 어떠한 방식이라도 육체의 감각을 관통하지 않는 한 지각할 수 없습니다. 영혼은 육체의 마지막 생각에만 집중하여 붙잡혀 있습니다.[31]

---

31 영혼은 '외부로부터 오는 새로운 감각 인상 novis sensibus

스텐젠 이것은 결국 모든 생명체의 생각이 동시에 세워질 수 있다고 상정하는 것은 아닐까요? 그러나 말하거나 끄덕이거나 마지막 생각에 적용하는 것은 멀리 떨어져 있는 것처럼 보입니다. 즉, 연장의 해체와 운동의 질서에 따라 조정이 멈춘 이후에는 더 이상 감각 인식이 없습니다. 정상적인 상태, 즉, 육체와 영혼은 이후에는 더 이상의 감각 인식을 갖지 않습니다. 그러나 이 체계에는 얼마나 많은 가정들이 있는지요? 이런 방식으로 철학하는 근거는 무엇인가요?

라이프니츠 이것은 명백히 저자의 의견을 조롱하는 코멘트입니다.

그는 변화하는 것이 아니라, 죽는 자의 상태를 고려하고 있습니다. 가장 행복한 존재인 하나님에 대한 반대와 미움에서 가장 큰 고통이 발생합니다. 미움은 가장 큰 행복에서 고통을 당하는 것이기 때문에[32] 타인을 미워하는 자는(사랑한다는 것은 사

---

externis'에 의존하지 않고 사유만으로 불멸성에 도달하므로 시간과 공간에 제한되지 않는다.

32 타인을 미워하는 마음은 타인의 불행으로 자신이 기뻐지는 상태이며, 그러한 마음의 기쁨은 불완전한 악의 본질이다.

랑받는 자의 행복에 기뻐한다는 의미와 같습니다) 그들의 불행에 자신이 즐거워지는 상태입니다. 이러한 즐거움은 불완전한 악의 본질에서 비롯됩니다. 가장 큰 고통은 불행, 곧 저주입니다. 그래서 누군가 죽어갈 때 하나님을 미워하는 자는 자신을 원망하는 자입니다.

신학자 그러나 개인이 하나님을 미워하고, 즉, 하나님을 해치려는 서원이나 욕망을 갖는 것은 어떻게 설명할까요?

철학자 그것은 심리적 관점[33] 이외에 다른 것이 없다는 주장입니다. 문제의 핵심은 개인이 자신에게 악을 원하거나 하나님을 미워한다는 것입니다. 이는 놀라운 비밀을 통해 미리 알려져 있으므로, 하나님께서는 그런 자에게 피해를 주시거나 그들을 망상적 상태에 빠뜨리실 것입니다.[34]

> 스텐젠 이것 또한 단순한 주장에 불과합니다. 거의 모든 것을 담론의 처음부터 반대로 가정하고 하나

---

33 'opinio'는 '심리적 관점'으로 옮긴다. 플라톤 『파이돈』의 '억견 doxa'에서 유래하며 근대철학의 창시자들은 그들의 저작에서 이 용어를 감정, 느낌, 공포 등의 정서 영역에 새롭게 각인되어 있다.

34 참조 요한1서, 4장 18절.

> 님을 노예적으로 겁내고 최소한의 시간 동안 그
> 에게 피해를 줄 수 있다고 가정한다면, 그럼에
> 도 불구하고 그들은 이 세상에서 사랑으로의 완
> 전한 용기로 들어섰다고 말하는 것은 단순히 가
> 정일 뿐입니다.

라이프니츠 하나님을 노예적으로 겁내는 자들은 하나
님을 사랑하지 않습니다. 그리고 그들은 아
직은 은총의 상태에 있지 않습니다. 그러므
로 이 길은 구원의 길이 아닙니다.

하나님께서는 그들에게 피해를 주실 것이고 반
대로 선택되었거나 하나님의 사랑을 확고히 믿
는 자는(왜냐하면 그는 하나님을 확고히 사랑하
기 때문입니다), 그가 선택되도록 영향을 가하십
니다.

스텐젠 루터의 '오직 신앙만으로 sola fide'의 원리를 여
기서 적절하게 말해도 되는 것은 아닙니다. 그
러나 저는 이것이 철학적으로 증명되었다고 생
각합니다. 요컨대 저는 이미 어떤 불운한 인생
을 살아왔던 자들을 보아왔습니다. 그들은 항상
자신들이 선택받은 사람들이라고 믿었는데, 만

> 일 그들이 그러한 상태에서 죽는다면 그들은 정당하게 저주받은 사람들일 것입니다.
>
> 라이프니츠 여기에 또한 동음 이어의 문제가 숨어 있습니다. 아무도 하나님이 자신에게 사랑이 아니시라면, 그 자신이 하나님에게 사랑이라고 실제로 믿을 수 있는지는 의문입니다. 저는 누군가가 하나님을 사랑하기 때문에 하나님에게 사랑이라고 믿는 것만으로는 부족하다고 생각합니다.[35]

신학자 유다가 하나님이 자신을 배신했다고 믿은 데에는 여러 요인이 있습니다.

철학자 그는 자신을 배신자로 인식하고 하나님을 폭군으로 여겼습니다. 그는 그 자신을 하나님의 은혜를 받을만한 가치가 없는 자라고 믿었고, 자신의 죄는 용서받을 수 없다고 생각했습니다. 그는 자신을 비참하게 여기고 하나님을 불공평하다고 여겼습니다.

신학자 간단히 말하자면, 유다는 자신을 참회하면서 동시에 자신의 절망을 경험했습니다. 하지만 그의

---

35 「요한복음」 4장 18절.

영혼이 어째서 이런 비참한 상태에 이르게 된 이유는 다양합니다.

철학자   저는 당신이 질문을 멈추지 않을 것이라고 말씀드릴 수 있습니다. 유다는 자기가 누구인지를 의식하였기 때문에 참회[36]가 그를 엄습하였고, 하나님이 누구신지 몰랐기[37] 때문에 낙담이 그를 엄습하였습니다. 하나님이 그를 이성적 존재로 창조하셨기 때문에, 그는 자신이 죄를 저질렀다는 것을 깨달았습니다. 그는 하나님이 자신에게 복수하리라 믿었습니다. 그는 무엇보다 정신을 통하여 자기가 하나님으로부터 예정된 줄 알았기 때문에 죄를 지을 수 있다는 것을 사실로 알았습니다. 그래서 그는 밀고할 수 있었고 원했기 때문에 스승을 배반하므로 범죄한 것입니다. 하나님께서는 그가 할

---

[36] '참회 poenitentia'는 '죄를 회개하고 후회하는 행위'다. 개인은 잘못을 저지른 데에 대한 아픔을 경험하고 참회를 통해 자신의 행동을 후회하고 변화하려는 의지를 갖고 '정열 passio'을 쫓는다.

[37] 유다는 하나님을 가공 가능한 전제 군주로 잘못 생각하여 두려움과 절망에 빠졌다. 아퀴나스는 유다가 하나님이 자신에게 심지어 복수할 것을 두려워하여 스스로 절망을 초래하므로 하나님의 자비를 오해하였다고 보았고, 데카르트도 아퀴나스와 유사하게 유다의 정신적 사유에서 오는 정념을 심리적 관점으로 해석했다.

　　　　　수 있는 것을 그에게 양도하셨습니다. 그는 그것
　　　　　을 좋게 생각할 수 있었기 때문에 행동했습니다.
신학자　그런데 유다는 왜 나쁜 짓을 긍정적으로 생각했을
　　　　　까요? 마찬가지로 자신의 실수를 발견했을 때 왜
　　　　　낙담했을까요?[38]
철학자　여기서 우리는 유다의 믿음에 대한 그의 심리적
　　　　　관점의 원인까지 거슬러 올라가야 합니다. 왜냐하
　　　　　면 낙담 역시 심리적 관점에 속하기 때문입니다.
　　　　　모든 심리적 관점은 두 가지 요소를 포함합니다.
　　　　　심리적 관점을 가진 자는 중도적 입장과 대상의
　　　　　정상 사이에 섭니다.[39] 저는 이전부터 존재하던 심
　　　　　리적 관점은 추가하지 않겠습니다. 왜냐하면 초기
　　　　　심리적 관점은 마지막 내상에서 해체되며, 영혼의
　　　　　상태와 신체의 상황으로 해체되며, 이것이 개인의
　　　　　상태와 사물의 특별한 정상으로 해체되기 때문입

---

38 정열과 낙담은 다른 감정으로, 정열은 강한 감정이나 열정이나 낙담이란 잘 되지 않을 것이라는 생각이다. 그래서 오히려 낙담이 심령의 안정을 가져온다.

39 '심리적 관점의 중도적 입장 temperamentum opinantis'과 '대상의 정상 objecti dispositionem'이 과학의 진보를 나른다. 과학의 진보는 과학자의 심리적 관점에서 오는 다양한 요인과 원인에 의한 발명과 발견으로 생긴다.

니다. 그러므로 불변의 대상[40]에 대한 자신의 모든 정신 상태를 그의 탄생의 초기 상태까지 제시하지 못한다면, 잘못된 유다의 심리적 관점에 대한 정확한 근거를 명확히 줄 수 없습니다.

신학자 여기서 저는 당신을 꽉 붙들고 놓아주지 않겠습니다. 죄는 죄를 지을 수 있는 능력과 죄를 짓고자 하려는 자의 의지에서 나온단 말입니다.[41] 이 능력은 하나님이 주신 것이고, 이 의지는 심리적 관점에서 나옵니다. 심리적 관점은 믿는 자의 주체적 성품에서 나오며, 그것은 동시에 그의 대상과 일치합니다.[42] 이 두 요소는 모두 하나님으로부터 옵니다. 그러므로 죄에서 요구되는 모든 책임은 하나님께서 짊어지십니다.

---

40 '불변의 대상'은 내부에 있는 개념으로 외부 사물의 속성을 규정한다. 이들은 사물의 집적으로 '정신은 외부로부터 규정되지 않고 mens non ab externo determinatur' 독립적으로 작용하나 외부 대상과 관련이 있을 수 있다.

41 의지와 행위의 능력은 불변의 대상을 향한 정신 상태에서 온다. 행위의 주체가 의지의 대상과 같아지면, 행위의 최초 원인과 최종 원인이 의식 안에서 투명해진다.

42 의지의 이유는 외적 대상의 인상이나, 내적 상황에 의해 규정될 수도 있다. 의지는 신체의 적절한 상태나 외부 인상에 영향을 받지만 내면의 성향은 외부적인 것과는 별개다. 이 주장은 심신 상호 작용에 관한 이론을 반영한다.

스텐젠 그러나 유다가 저주를 받으려면 하나님의 허락을 통해 필연적으로 요구되는 모든 것이 유다의 자유 의지 안에서 주님을 배반하는 의지로 예견되었다는 가정 하에 설정됩니다. 그렇지만 최종 근거는 예견된 자유 의지이며, 그 자신의 배반 또는 태만한 의지에 의해 작동합니다. 따라서 유다는 자유로부터 선생님의 제자로서의 핵심 조건의 하나인 살인 행위를 거부하고, 그 결과 선생님에게서 비난받은 탐욕과 복수욕으로 마침내 배반을 결행하였습니다.

라이프니츠 [지워진 것 웃깁니다.] 저자는 확실히 요구되는 것에 의지를 설정했습니다. 그러나 그는 그 자체의 의지에 요구되는 것이 무엇인지 몰랐습니다. 그래서 자유 의지가 최종 근거라고 주장하시는 것은 어리석습니다. 자유 의지가 행위를 요구하는 것이지, 자유 의지 자체가 존재하는 것은 아닙니다.

죄의 최종 근거는 하나님에게 있으며, 따라서 하나님께서 궁극적으로 죄와 정죄를 책임지십니다. 이는 모든 사물에는 이유가 있다는 정리로부터 귀결됩니다. 또한 고유한 존재 이유가 없는 모든 것은 그 자체로가 이유가 되어야 하므로, 그것은 곧 존재 자체이거나 하나님으로 돌아갈 때까지(하나의 이유로 그리고 그 이유로 돌려져야하는 한) 죄는 저주와 같다고 주장하셨습니다. 이런 주장은 하나님 존재 증명과 일치합니다.[43]

철학자 여기서 해답이 보입니다. 잠시 숨 돌릴 틈을 주세요.

신학자 지금 하세요. 마침내 무언가 발견하셨나요? 친구여! 갑자기 풀린 당신 이마의 주름은 내가 모르는 점을 명쾌히 해명하여 즐겁고 신나는 논증을 나타내 보이시려는 것 같군요.

철학자 저의 머뭇거림을 용서해주세요. 만일 제가 오늘 토론을 통하여 확실하게 배운 것이 있다면 이것입니다. 만일 어느 누군가 하나님을 향하면 자신에게 동일한 것은 감각으로부터 멀어지고 정신은 그 자신에게 동일하게 돌아갑니다.[44] 만일 순수한 요

---

[43] 하나님이 죄와 저주의 근거라는 주장은 하나님의 존재론적 증명과 우주론적 존재 증명의 배경이다.

[44] 사유의 질료는 영혼과 외부 대상 사이에 존재하므로 영혼과 질료적 사건 사이에 평행주의가 성립한다. 영혼은 감각 안에서 사유의 질료적 반성으로 외부 세계를 인식하지만 외부 세계 대상과 직접 연결되지 않는다.

구에서 진리를 추구하면 당신은 의심할 수 없는 빛의 광채를 통과한 것처럼 어둠을 쪼개어 나갑니다. 그리고 밤의 한 가운데 관통할 수 없는 흑막을 통해 지나간 길을 보게 됩니다.

신학자 저는 당신의 말씀에 감동을 받았습니다.

철학자 저는 당신이 말하는 내용의 판단자가 될 것입니다. 당신은 하나님께서 이 모든 것을 궁극적으로 책임지시고, 결과적으로 죄에 대한 행위의 최종 이유가 된다고 주장하십니다.

신학자 만약 당신이 그것을 인정하면 그 모든 것을 인정하시는 것입니다.

철학자 그렇게 빨리 다그치지 마시오! 아니, 제가 바로바로 응답하지 않는 이유는 당신이 하나님을 제거하시면, 사물의 전체 열[45]이 무너지는 것을 의미하지 않기 때문입니다. 그것은 확실하고 부인할 수 없는 사실입니다. 인간이 하나님을 자유롭게 결정한다면, 모든 사물의 순서의 전체 열이 재정립됩니

---

45 '사물의 연속 series rerum, 혹은 suite des choses'는 사건이나 사물의 연결되어 순서를 이루는 상태다. 라이프니츠는 1704년 1월 21일 데 볼데(de Volde)에게 보낸 편지에서 "나는 사물의 연속이 순서가 아니라 순서가 사물의 연속이라고 말한다. *Ego non dico seriem esse successionem, sed successionem esse seriem.*"라며 사물의 연속에서 순번을 강조한다.

다.

스텐젠 하나님이 사물의 충족 근거가 아니라고 하는 것은 가능한 다른 사물의 열이 있다는 것과 일치하는 것입니다. 당신은 이러한 가능한 것들은 신적인 지혜와 양립할 수 없다고 주장하십니다. 제가 말씀드린 것은 사물의 전체 열이 하나님의 이념에 있는 대로 혹은 가능한 것으로 정해진다는 것이 확실하다는 점입니다. 그러나 그들이 [하나님의 이념들에] 현실에 존재한다는 것은 확실하지 않다는 말씀인 것 같습니다. 이는 똑같은 열의 다른 사물의 열들이 가능하지 않다는 것도 [현실에 존재하지 않은] 누구도 증명하지 않았다면, 그것이 현실적으로 존재한다고 단정짓기는 어렵습니다.

라이프니츠 하나님이 바로 사물의 충족 근거가 아니라고 말하는 것은 가능한 다른 사물의 열이 있다는 것과 일치한다는 것입니다. 그러나 당신은 이러한 가능한 것들은 신적인 지혜와 양립할 수 없다고 주장하십니다.

그러므로 있었거나, 혹은, 있게 될 것은 피조물입

　　　　　니다. 피조물의 좋고 나쁜 행위에 따라서 죄가 나
　　　　　오고 있습니다. 그럼에도 불구하고, 저는 죄란 결
　　　　　국 하나님의 의지로부터 나오지 않는다는 것을
　　　　　주장합니다.
신학자　요컨대 당신이 원하는 논의란 죄악이란 하나님께
　　　　　서 원치 않아서 발생하는 것[46]이 아니라 하나님이
　　　　　계시기 때문에 죄악이 발생한다는 주장이시군요.
철학자　당신은 머리에 대못을 박으셨군요. 하나님이 죄의
　　　　　근거라 할지라도, 그렇다고 하나님께서 여전히 그
　　　　　들의 창시자는 아니십니다. 그리고 그것을 학문적
　　　　　으로 말할 수 있다면, 모든 피조물과 같이 죄의 궁
　　　　　극적인 물리적 원인은 모든 것과 마찬가지로 하

---

46 보에치우스(A. M. S. Boethius, 480-524)는 아리스토텔레스 『분석전서』 32a 15에 나오는 $\dot{\varepsilon}\nu\delta\varepsilon\chi o\mu\alpha\iota r$라는 동사를 '자기 것으로 취하거나 허용하다'는 라틴어 'contingere'로 번역하였다. '일어나다, 생기다'라는 의미로 전승된 'contingere'에 대하여, 라이프니츠는 동사 '$\varepsilon\nu$-$\delta\varepsilon\chi o\mu\alpha\iota$'를 필연적인 것도 불가능한 것도 아니며, 함께 가능할 수도 있고 그렇지 않을 수도 있는 개념으로 설명한다. 'contingere'는 필연적인 것도 불가능한 것도 아니나, 가능성과 더불어 일어나기도 하고 그렇지 않기도 하다. 이 관점은 현상의 다양성과 예측 불가능성을 인정하면서도 개념의 규칙성과 의미를 추구한다.

나님 안에 있지만[47], 죄의 도덕적 원인은 죄인[48]에게 있습니다. 제 의견에 따르면 그것을 주장하였던 사람은 어떻게 악이 행위로부터 오지 않는지는 설명할 수 없음에도 불구하고, 행위의 실체는 하나님으로부터 오고[49] 그럼에도 악은 없다고 주장했습니다. 더 정확히 말하자면, 그들은 이렇게 말했어야 했습니다. 하나님께서는 죄의 의지 이외에 모든 것에 대해서는 의지와 행위에 따라 값을 매기므로 범죄하지 않습니다.

따라서 저는 죄는 의지가 아니라, 하나님의 지성 또는 동일한 사물에 대한 영원한 이념에서 부과되

---

47 악은 물리적인 현실에서 하나님의 의지로부터 창조되거나 의도된 것은 아니다. 악은 하나님의 의지로부터 파생되지 않으며 그와는 독립적이다.

48 하나님이 최선을 선택하기 때문에 악은 물리적 원인과 도덕적 원인으로 나눈다. 하나님은 도덕적 이유에서 인간에게 죄를 짓지 않도록 하면서 대신 죄를 짓지 않는다.

49 아퀴나스는 죄의 실질적 행위에서 하나님의 관여를 강조한다. 죄의 실질적 행위는 인간의 의지와 자유로 이루어지지만, 하나님은 그 행위에 관여하신다. 하나님은 인간에게 도덕적 가치를 알리고 그들을 선으로 이끌기 위해 작용하시지만, 인간은 자유의지에 의해 죄를 선택하며, 그 선택은 하나님의 의지와 다를 수 있다. Aquinas, T. (2012). *Summa Theologiae*. Benziger Bros.

는 것으로 생각합니다. 이 영원한 이념이 모든 본질을 구성하므로, 어리석게 동일한 사물의 두 원칙[50] 하나는 좋고 다른 하나는 나쁘다고 서로를 미워하는 두 하나님을 상상해서는 안 됩니다.

신학자 저는 당신을 이해합니다.

철학자 그러나 저는 당신이 그것이 참임을 동의하시도록 설득하겠습니다. 논리를 명확하고 신뢰할 수 있게 하기 위해 한 가지를 예시하겠습니다. 우리는 3 곱하기 3이 9라는 사실을 받아들입니다. 이를 하나님의 의지에 귀속시킬 수 있을지 생각해 보는 게 어떨지요? 아니면 2의 제곱근이 무리수라면 하나님께서 그것을 그렇게 원하셨다고 믿어야 할까요?

> 스텐젠 어떤 사람들은 3 곱하기 3이 9라고 하고 모든 부분이 하나의 동일한 전체로 가정된다고 말합니다. 또 다른 사람들은 이 전체에서 어떤 부분은 9에서 나누어진다고 주장합니다. 그래서 하나님이 이를 보고 원하시기 때문에 이런 상황이

---

50 조로아스터의 이론은 악의 화신 앙그라 마이뉴와 선의 화신 지닌 아후라 마즈다가 영원히 싸우는 이원론을 기반으로 한다. 이들은 악과 선, 불과 빛, 질서와 혼돈으로 대립한다. 인간은 이들을 통해 자유 의지를 행하고 선을 택할 수 있다.

> 발생한다는 것입니다.
>
> 라이프니츠 이 주장은 현실적인 구체적 요소가 부족하고 대신 추상적 조화에 집중합니다. 즉, 어떤 것이 다른 것 보다 우월하다고 주장합니다. 이는 하나님이 그것을 가장 조화롭거나 어느 것 보다 가장 좋다고 인지하시기 때문입니다.

신학자 저는 우리가 현명하다면 그렇다고 생각하지 않습니다. 요컨대 9와 3과 2의 제곱근은 다른 방식으로는 이해할 수 없는 숫자입니다. 그들은 자신들이 이해하지 못하면 블리트리 혹은 비쯔리푸즐리[51]라고 말했던 대로 사물에 상응이 없는 명사들의 명명입니다.

철학자 그러므로 사물의 본질에 대한 수의 이념으로 9 및 2의 제곱근 같은 개념은 영원 이래로 사물의 이념에 속하는 하나님의 지성에 귀인시켜야 합니다. 다른 말로 하면, 이런 개념은 하나님께서 그들을 의지로 원하셨기 때문이 아니라 사물의 개념에 따

---

51 블리트리 혹은 비쯔리푸즐리 Blietzkrieg, Bzitllizwoelli라는 용어는 과학적이거나 현실적으로 상응하는 내용이 없이 생각으로만 이해될 수 있는 관념을 지칭하는 명사다.

라 추론하셨기 때문에 참입니다. 더욱이 이러한 생각은 하나님의 존재에서 나옵니다. 만일 하나님께서 아무 것도 아니시라면, 모든 것은 단순히 불가능했을 것[52]이며 9와 2의 제곱근 같은 개념은 일반적인 요행에 달릴 것이기 때문입니다. 따라서 어떤 것은 그들의 존재가 하나님의 존재에 기인하지만 하나님의 의지에 기인하지 않습니다.

신학자 알겠습니다. 그런데 이것이 죄와 무슨 상관이 있습니까? 저는 거기에 대하여 긴장과 깜짝 놀람으로 흥미진진하게 기다리겠습니다.

철학자 당신은 제가 이 점까지 헛되이 논증을 일탈하지 않았다는 점을 깨닫게 되실 것입니다. 요컨대 3 곱하기 3이 9가 되는 것은 하나님의 의지가 아니라 하나님의 존재에 귀인되는 것 같이, 3 대 9의 비율이 4 대 12의 비율이 되는 것도 하나님의 존재에서 온 것입니다. 실제로 모든 비율, 유추, 및 비례[53]는 하나님의 의지에서 발생하는 것이 아니라, 동일한 하나님의 본성, 혹은, 동일한 사물의 이

---

[52] 실재론적 입장에서 무신론자는 기하학자일 수 있으나, 하나님이 없으면 기하학의 대상도 존재하는 것도 가능한 것도 없다.

[53] 17세기의 수학, 기하학, 음악은 대상 또는 명제 간에 일정 비율로서 두 선분, 두 평면, 두 입체, 두 수 등을 비교할 때, 그들 자체의 일반적인 비율성을 전제한다.

에서 발생합니다.

신학자 그 다음은 무엇이 나옵니까?

철학자 이것이 비율과 관련된 사실이라면, 조화와 부조화에서도 동일한 원리를 적용합니다. 조화와 부조화는 동일성과 상이성으로 구성되기 때문입니다. (조화란 실제로 많은 것들의 통일이고 통일되는 사물의 다양성에서 최대 조화를 가져옵니다.[54]) 가장 큰 조화는 혼란스러워 보이는 모습에서 예기치 못한 최상의 공명을 나눕니다.

신학자 지금 제가 전하려는 것은, 죄의 발생은 마치 빛이 그림자를 통해 드러나듯이 사물의 보편 조화에 나타난다는 것입니다. 이 보편 조화는 하나님의 의지에서가 아니라 그분의 지성이나 이념을 통해 형성됩니다. 이것이 사물의 본질입니다.[55] 즉, 죄는 보편 조화에 속합니다. 따라서 죄는 의지에 기인하는 것이 아니라 하나님의 존재에서 비롯된다는 결론을 얻을 수 있습니다.[56]

---

54 17세기는 많은 사물들의 통일과 대상의 다양성의 최대의 조화에서 세계를 낙관적으로 발전할 것이라고 보았다.

55 플라톤 사상과 기독교 사상의 결합으로 사물의 본질은 영원한 이념들과 연관되어 하나님의 본질, 존재, 운명과 동등하다.

56 다음 문장이 삭제되었다. "만일 부조화한 불평등이 동등성으로

스텐젠 하나는, 덕과 짐 사이의 조화로 이루어진 하나의 통일체, 즉 전체 조화가 가능하다는 것입니다. 다른 하나는 개별적 덕과 개별적 짐을 각각의 개인에게 부과하거나 허용하는 것입니다. 또 다른 하나는 음향의 조화와 불일치로부터 조화를 형성하는 것입니다. 다른 하나는 단일한 것의 음향 일치와 불일치를 역학적으로 조정된 도구들 위에 분배하여 어떠한 도구도 개별적 의지를 가지지 않은 곳에서,...., 기타 등등, 첫 번째 충돌을 통해 전체 조화가 이루어지도록 하는 것입니다.

라이프니츠 의지가 즉시 하나의 도구가 아니라면, 역학직 도구는 아닐지라고 해도 규칙화된 도구이기도 합니다. 사물의 전체 조화가 최상의 상태라면 그 자체는 이미 개별적 덕과 짐을 포함합니다.

철학자 당신은 그것을 추측하셨군요. 왜냐하면 죄가 존재하지 않는다면, 일련의 사건들의 순서가 완전히 뒤바뀔 것이기 때문입니다. 그러나 일련의 사건은 죄의 제거 시에 전체의 열은 미래에 달리 있을 수

상쇄된다면, 사물의 조화는 정의를 정하므로 평가된다."

있었을 터인 데라고 생각하는 것입니다. 사물의 열을 폐기하거나 그것을 변경하면, 사물의 최종 근거인 하나님은 매체[57]로부터 폐기되거나 변경된다는 것을 의미합니다. 똑같은 근거에서 하나님께서는 충족적인 전체 근거로서 우주를 위해서계신다고 할 수 있습니다.[58]

> 스텐젠 우주가 하나님의 존재를 입증하지 않았으므로, 그와 관련하여 일정한 척도에서 어떠한 결론도 도달할 수 없다는 점을 강조할 필요가 있습니다.

대립하는 사물은 결합이 불가능하다는 점을 강조하고자 합니다. 동일한 것에 동일한 양을 더하거나 빼면 결과는 항상 같습니다.[59] 그렇다면 개념적 결

---

[57] '매체 medium'는 하나님이 전이되는 경로 정보, 에너지, 통신 등이 전달되는 경로나 매개체다. 신학적 맥락에서 하나님의 영적인 실재는 인간과 소통하기 위해 통로나 매개체로 전해진다.

[58] 주해: 우주는 일정한 척도에서 하나의 통일이 아니라면 아무 것도 아닌 하나님의 상이다.

[59] 형이상학은 어떤 동일한 것을 더하고 빼는 산수에서 우주 전체의 모든 것이 구성되고 무에 합치되는 과정에 존재와 비존재에 대한 보편적 양을 성찰한다.

합은 어떻게 다를까요? 만약 누군가 그 일을 계속한다면, 그것은 헛된 열의 반복일 것입니다. 하나님을 A로 가정하고, 사물의 결합을 B라고 가정합시다.

스텐젠 만약 하나님이 안계시면, 사물의 열이 존재하기 위해 필요한 모든 것이 동시에 상정됨이 없이도 이 논의는 계속될 수 있지만, 아직 증명되지 않은 측면이 있습니다. 만약 하나님의 이념이 사물의 다른 무한한 열과 다른 사물의 열에도 있다고 주장한다면, 이는 타당하지 않습니다. 하나님을 정의하면 다른 열도 정의할 수 있기 때문에, 사물의 열이 정해지고 거기서 하나님도 정해진다는 결론이 나지 않습니다. 또한 하나님으로부터 독립적인 다른 요소가 필요하다면, 그 열이 정해진다는 것을 부인할 수 없으며, 하나님이 이 열을 정의하지 않았기 때문에 다른 열을 정할 수도 있었을 것입니다. 따라서 A라면 B가 되는 것이 참이 아니라, C 또는 D 등 다른 것이 참이 될 수도 있습니다. 간단히 말해, B가 아니라면 A도 아니라는 것입니다. 또한 사물의 이념과 실제적인 사물의 열 사이를 구분하고, A로

> 정의한다면, 모든 가능한 사물의 열이 하나님의 이념에 포함된 것으로 결론을 낼 수 있습니다. 어떤 것을 설정할 수 있는지는 결론지을 수 없습니다.
>
> 라이프니츠 하나님께서 사물의 열을 정하시지 않은 이유는 하나님께서 가장 현명하신 분이시며 최상 이외에 아무 것도 원치 않으시기 때문입니다. 그래서 그 열은 정해지지 않았습니다. 모든 가능한 열은 하나님의 이념 안에 존재합니다. 그러나 이는 단지 하나의 최상과 관련된 것에 한정됩니다.

만일 하나님께서 사물의 충족 근거이고 그 자체의 존재자이며 제일 원인이라면, 결론은 하나님을 정함으로써 사물의 열이 존재한다는 것입니다. 그렇지 않다면 하나님은 어떤 다른 것일 것입니다. 그런 사물의 열이 존재하려면 하나님과는 독립적으로 요구되는 어떤 것이 나타나야 합니다. 이론적으로 여러 가설이 가능할 수 있습니다. 예를 들어, 마니교 이론에 따르면, 다수의 하나님들이 존재하거나 하나님은 유일한 존재이지만 제일 원인은 아니라고 하는 것입니다. 개인적으로 저는 이러한 가설들이 잘못된 것으로 보입니다. 우리가 명확하게 알 수 있는 것은, 만약 사람이 하나님을 정한다면, 사물의 열이 나타난다는 것입니다. 이 명제는 참이라고 할 수 있습니다. 만일 A이면 B이다는 가설적 삼단논법의 논리적 규칙을 통해 결론을 도출할 수 있습니다. 만일 B가 아니면 A 또한 아니다는 전위 규칙[60]을 적용하면, 사물의 열이 폐기되고 변경된다는 결론을 얻을 수 있습니다. 이는 사물의 열이 죄를 포함하며 하나님을 폐기하고 변경한다는 것이 증명될 수 있는 것을 의미합니다. 따라서 사물의 전체 열은 죄를 포함하며, 이는 사물 자신의 이념이나 하나님의 존재와 관련됩니다. 이러한 열들을 정히므로 죄를 징하고, 이를 폐기하므로 이러한 열들을 폐기합니다.

신학자 저는 당신이 무쇠와 같이 단단한 증명을 해냈다는 점을 인정합니다. 그리고 하나님의 존재 증명과 다른 증명은 높은 신망을 지닌 학자들도 공격하기 어려울 것입니다. 그러나 이로부터 귀결되지 않은 나머지 사항은 하나님의 의지가 아닌 그의 본질에

---

[60] 환위는 주어 A와 술어 B의 위치를 바꾸어서 표현하는 논리 형식이다. 아리스토텔레스 논리학의 판단 이론은 환위를 통해 주어의 범위를 제한한다.

　　　　　서 귀결되지 않고 있음을 알게 되고, 동일한 원칙에 따라 사물의 조화에 귀속되어야 할 것이며, 그 다음 죄들이 필연적이라는 것입니다.

철학자　저는 첫 번째 질문에 먼저 답변드리겠습니다. 그 경우, 두 번째 질문을 더 쉽게 처리할 수 있습니다. 왜 하나님께서는 무엇인가를 원하실까요? 아무런 이유도 없이 아무런 대가를 바라지 않으며 어떤 이익도 추구하지 않기 때문에, 하나님께서는 자기 자신을 위한 충족적 존재가 아니십니다. 하나님께서는 사물의 본성에 기인하는 무언가를 원하십니다. (하나님께서 원하시는 것이 반드시 사람들이 원하는 것은 아니라는 의미며, 사물이 봉사됨을 통해 하나님의 의지를 이룬다고 믿는 것입니다)[61] 사물의 본질은 그들 자신의 이념 안에서 하나님의 본질을 포함하기 때문입니다. 그러면 하나님은 왜 사물을 창조하셨을까요? 여기에는 두 가지 근거가 있을 수 있습니다. (항상 그렇지는 않지만 정신적 본질에 동일한 근거를 적용할 수 있습니다. 하나님은 무언가를 원하시고 그것을 이루실 수 있기 때문입니다. 죄는 개별적으로 고찰되

---

61 '코나투스 Conatus'는 지향하여 애쓴다는 뜻이며 영혼과 신체의 상호작용에서, 특정 활동이나 운동을 시작하거나 멈출 수 있는 힘이다.

지 않기 때문에 하나님이 원하셨든 말든 사물 자체에 속하지 않습니다. 오히려 죄는 하나님 자신께서 선택하신[62] 최상의 사물의 전체 조화에서 파생됩니다. 조화의 전체 열에서 파생된 죄의 존재는 더 큰 재화를 통하여 저울질 되어 나타납니다. 그러므로 하나님이 다른 더 좋은 사물의 열을 선택할 수 있더라도 그것을 선택하면서 죄가 없이는 불가능한 경우일지라도 죄를 용인하거나 허용하십니다. 그러나 알아두어야 할 것은, 사물의 전체 열은 죄가 단독으로 판명되지 않은 한, 전체 열과의 접맥에서 혼동된 가운데, 하나님은 죄를 허용하는 것이 아니라 오히려 원하신다는 점입니다. 다시 말해 하나님은 그의 존재 자체로 인해 보편 조화를 기뻐하십니다. 이 일은 부분을 통하여서가 아니라 계열의 전체성을 통하여 작용하게 하십니다. 죄를 제외한 모든 것도 그 자체에서 고려된 부분들을 통해 하나님을 기쁘게 합니다. 이 열이 죄로부터 완전히 자유로워진다면, 그 열이 하나님을 기쁘게 합니다. 그렇다 해도 이 열이 죄로부터 완전히 자유로워진다면. 그 열이 하나님을 만족시킬까요? 그렇지 않습니다. 전체 조화에서 죄의 불

---

[62] 하나님은 최상을 선택하고 완전성에 따라 행동하신다.

협화음이 상쇄되는 과정을 통해 기쁨이 탕감되기 때문입니다.

신학자 당신의 논증은 저를 아주 기쁘게 합니다. 하나님의 존재가 필연적이라는 가정 하에, 일련의 사건과 죄는 하나님의 존재나 사물의 이념[63]으로 발생한다고 하셨습니다. 그러나 파생되는 것 모두가 필연적이라는 주장은 올바르지 않습니다. 필연적이라고 해도 그것이 죄를 필연적으로 유발한다는 것은 아닙니다. 죄는 인간의 선택이나 의지에 기인하는 것이지 하나님의 창조 의도에는 죄가 포함되지 않습니다. 죄는 인간의 자유로운 선택과 책임으로 발생하는 결과입니다. 죄는 하나님께서 원치 않으시만. 인간에게 자유를 부여하셨기 때문에 할 수 있는 현상입니다. 따라서 필연적 존재로서의 하나님과 죄의 필연성은 상충되는 개념입니다. 하나님의 존재가 모든 것을 책임진다고 하더라도, 죄는 필연적인 것으로 볼 수 없습니다. 죄는 인간의 선택과 의지에 따라 발생하며 하나님의 존재와는 별개입니다.

---

[63] 사건과 죄는 하나님의 존재를 동일한 근원으로 결합한 사물의 이념에 있다.

철학자 같은 논증에서 제가 말씀드리고 당신이 들으시려는 모든 것이 필연적이라는 결론을 내릴 수 있습니다. 왜냐하면 이것 또한 사물의 순서에 포함되었기 때문에 우연히 발생하는 것은 아무 것도 없다고 추론할 수 있습니다. 그러나 이것은 인류가 일반적으로 답습한 언어 사용에 거스르고 인간의 일반적인 언어 사용에 반합니다.

신학자 실제로 스토아학파가 당신의 입장을 참으로 인정한다면, 그것은 상당히 흥미로운 일이 될 것입니다. 그러나 각 개별학자나 학파의 입장은 다를 수 있으므로 스토아학파의 전체 입장을 일반화하기는 어려울 것입니다.

철학자 논의를 그쪽으로 몰고 가서는 안 됩니다. 예컨대, 당신의 관점은 예수 그리스도가 말했던 의미에서 단어 사용을 거스릅니다. 그리스도도 화禍들이 발생하는 것이 필연적[64]이라고 말씀하였습니다. 그러나 화들은 어떤 경우에도 죄로 간주됩니다.[65] 요컨대 성경에서 이를 행하는 자에게 화있을진저라

---

64 '필연의 τ νγχη'라는 희랍어 2격 명사가 삭제되었다.

65 참조, 「누가복음」 17장 1절.

는 구절이 계속됩니다.[66] 만일 화들이 필연적이라면 이 재앙 혹은 이 저주는 필연적입니다. 그러나 우리는 일상 언어의 구어체로 이러한 결론을 표현하는데 주의해야 합니다. 경험이 없이 받아들여진 풋풋한 단어의 의미가 사람들에게 귀에 딱딱하고 혼란을 일으키지 않을 귀결로 이끌기 위해서는 생명에 관계하는 사물에서 전개하는 단어 사용을 자의로 곡해해서는 안 되며 신중하게 다뤄야 합니다.

신학자 그러나 이 질문에 대한 당신의 답변은 뭐죠?

철학자 궁금하세요? 문제는 단어 사용에서 비롯됩니다. 한 단어의 왜곡된 의미로부터 전체적인 어려움이 생긴다는 것 이외에는 아무 것도 아닙니다. 그래서 우리는 엉클어져 풀 수 없는 미궁[67]에 빠지고

---

[66] 참조, 「이사야」 5장, 「유다서」 1장, 「미가」 2장.

[67] 인간 정신이 혼란에 처하는 두 미궁의 하나는 자유와 필연성이고 다른 하나는 연속과 합성이다. 불명료하고 곡해된 단어들은 화를 초래한다. 단어의 대치를 통한 기호 체계를 사용하는 증명 체계가 보편 기호법에 의한 인간 사유 알파벳 프로그램이다. 인간의 사유는 "단어가 없이도 사유가 발생할 수 있다. 다른 표시들이 없이도, 내가 묻는 것은 네가 수의 도움 없이는 수학적 계산을 할 수 없는가? (만일 하나님이 계산하고 사유하신다면 세계가 생겨난다): Cogitationes fieri possunt sine vocabulis. At non sine aliis signis. Tenta quaeso an nullum artithmeticum calculum

곤궁에 처합니다. 왜냐하면 모든 언어에서 필연성, 가능성, 불가능성, 의지, 저자, 등과 같은 일반 논증에서 사용하는 단어들을 제가 말한 것과는 다른 의미로 곡해하기 때문입니다. 저는 당신의 생각이 도피하시려는 방향을 막기 위해 명약관화한 증명을 제시하겠습니다. 그 단어들을 전체의 설명에서 제외시키고 (제가 믿기에 그 단어들을 사용 금지 규칙으로 제거하였다면, 그들의 사유는 그들이 없이도 표현할 수 있을 것입니다). 그리고 때때로 필요한 경우, 그들의 의미를 정의로 대치하십시오. 저는 어둠이 사라지는 횃불처럼, 당신이 원하는 모든 어려움을 놀라운 즐거움으로 해결할 수 있다는 약속을 맹세하겠습니다. 지금 당신은 코르두스[68]도 쯔뵐퍼[69]도 다른 약제사도 할 수 없었던 오류, 오용, 화를 피하기 위한 비범한 비밀과 처방

---

  instituere possis sine signis numeralibus?(Cum Deus calculat et cogitationem exercet fit mundus)."

68 코르두스(V. Cordus, 1515-1544)는 의사이며 식물학자, 약리학자다.

69 쯔뵐퍼(J. Zwelfer, 1618-1668)는 비인에서 활동하였던 의학자이며 약제사다.

전을 갖습니다. 레기우스[70]는 한번은[71] 어떻게 주의를 기울여 말해야 하는지 그 규칙에 대해 썼습니다.[72] 이러한 모든 미리 앞서 내다보는 기술은 잘 알려진 유일한 숙지와 기교로 단련됩니다.

신학자 그래서 어떻게 그렇게 어려운 문제들을 쉽게 해결할 수 있는 특별 처방전을 갖고 계신다는 말인가요?

철학자 저를 예언자라고 부르세요. 우리를 종종 성가시게 하고, 고통스럽고 병들게 하고, 짜증나게 하고, 자극하며 쓰디쓰게 하는 특정한 단어들이 있습니다.

---

70 레기우스(U. Regius, 1489-1541)는 16세기의 독일 종교 개혁 시기에 활동하여 1517년에 막시밀리안 황제로부터 완전한 형식의 '청년 시 靑年 詩'로 계관 시인의 칭호를 받았고 1520년 바젤대학에서 신학박사 학위를 받았다. 그는 1525년에 가톨릭 교회와 단절하고 1530년까지 아우구스부르크에서 루터파로 설교하였다.

71 원문의 이 부분은 약 5 cm 가량 찢겨나갔다.

72 레기우스가 일러준 가이드라인은 다음 같다. 1. 젊은 설교자는 화나 불만을 일으킬 수 있는 경솔한 말과 사려 없는 언어를 사용해서는 안된다. 2. 교회 구성원을 놀라게 하거나 흥분시키는 일을 피해야 한다. 3. 믿음을 전파하기 전에 회개와 참회에 대해 이야기하지 않아야 한다. 4. 믿음을 가르치는 사람은 다른 사람의 좋은 행동을 헐뜯거나 비방해서는 안된다. 5. 누군가가 미사에서 설교를 한다면 저녁 만찬을 경시해서는 안 된다.

주여, 만약, 제가 당신에게 드릴 말씀이 있나이다. 주여 당신은 제 허물을 아심에도 불구하고, 제가 변화할 수 있다는 점을 알고 계십니다. 저는 당신이 전적으로 화내지 않으실 줄 믿지만, 그럼에도 불구하고 당신은 말을 쉽게 하는 자의 자유에 신경을 쓰지 않고 계시니 감사합니다. 제가 소리를 질러 외칠 수 있다면, 당신은 거짓말하지 않으십니다 (물론 그렇다는 것은 부정적이거나 부적절한 잘못된 판단을 말한다는 것 외에는 아무런 뜻이 없습니다) 불멸의 하나님, 당신은 어떻게 때때로 폭풍같은 시련과 도전으로 저희를 깨우치시려 하시나이까?

이것은 다른 누군가가 말한 내용과 유사합니다.

죄는 필연적이다. 죄는 하나님이 책임진다. 유다는 정죄를 피할 수 없었다. 하나님께서는 저주를 원하신다. 유다가 구원되는 것은 불가능하였다. 기타 등등. 어떤 경우에도 그는 아케론 강[73]으로 들어갈

---

73 아케론 Archeron은 호머, 버질, 단테 등이 언급한 그리스 신화

것입니다.

그러나 여기에서 당신은 이와같이 대체할 수 있습니다.

하나님께서는 사물의 궁극적 근거인 우주의 충족 근거이십니다. 그러므로, 그분은 우주의 근거로부터 하나의 최상의 이성적 근거로서 최상의 아름다움이라는 보편 조화(전체의 우주는 최상의 조화이다)와 일치합니다. 그리고 다른 측면에서, 그것은 최상의 조화의 본질에 속하므로, 외부적으로 혼란스러워 보이는 혼잡은 동시에 예상치 못한 질서로 이끌어집니다. 미술은 그림자를 통해 선명한 대비를 이루고, [음악은] 불일치를 하나의 조화로 [산수는] (하나의 짝수에서 하나의 홀수가 되는 것처럼) 상쇄시키며, 죄는 [법에서] 그 자체로부터 (알려져야만 하는 이유 때문에) 벌을 요구합니다.

스텐젠 자신의 의지에 따라 자유롭게 일어서서 이를 반

에 나오는 지하 세계의 다섯 강 가운데 하나다. 비탄의 강이라 부르는 이 강은 그리스 북서부 피루스에 있으며 죽은 자의 영혼이 건너야하는 지하 세계의 입구에 있다.

> 박할 수 있으며, 현실적으로도 이를 반박할 수 있으며, 동일한 방식으로 그들의 불복종에 대한 벌을 속죄할 필요가 있는 어떤 것이 존재할 수 있다는 것을 인정합니다.

인간이 하나님을 정하면, 죄와 벌이 존재한다는 결론을 도출할 수 있습니다. 그러나 이는 원리 그 일이 필연적으로 발생하는 것을 원했기 때문에 하나님이 말하고 듣고 이해하는 데에 현명하지 않고 불손하며 틀렸다고 말하는 점이 문제입니다.

신학자 당신은 많은 어려움에서 벗어나기 위해 실제로 놀랄만한 비밀을 발견했습니다. 당신을 밖으로 밀어내기 위한 다른 유혹은 없습니다. 그럼에도 불구하고 가능하다면, 수행한 작업을 증명하기 위해, 이전에 오용하였던 정의에 대해 잘못되고 남용된 용어를 사용하는 것은 여전히 필요합니다.

철학자 당신의 주장에 따라, 만약 그것이 나의 능력 안에 있다면, 당신은 그 단어들을 하나님의 영광과는 다르게 사용하지 않고 본래의 평화에 봉사하는 것을 유발하는 논증 전개에 앞장 설 것입니다.

신학자 그럼에도 불구하고 증명하세요

철학자 증명을 시도하겠지만, 저 단어로 설명하는 모든

것이 전적으로 불필요한 것으로 구속력이 있거나 기만적이지 않다는 조건에서만 가능합니다.

신학자 저는 그 조건에 동의합니다.

철학자 알겠습니다. 단어를 정의하겠습니다. 만약 어떤 경우에 그 반대가 모순을 수반하거나 생각할 수 없는 경우라면(포함하는 경우는 혹은 명석하게 파악할 수 없는 경우), 그것을 필연적이라고 하겠습니다. 3곱하기 3이 9인 경우는 필연적입니다. 그러나 당신이 말하거나 죄를 짓는 것은 그의 반대가 필연적이라고 할 수 있습니다.

> 스텐젠 첫째로, 하나님의 계획에 따라, 당신이 필연적으로 죄를 범하게 되는 경우는, 하나님이 그것을 예견하셨기 때문입니다. 둘째로, 당신이 나의 선택에 관계없이 죄를 지어야 하는 경우는, 나에게 필연적으로 보이지 않는다는 사실도 있습니다. 이 경우, 당신이 대상과 상황으로부터 필연적으로 죄를 짓는다고 규정되면 어떤 것이 당신을 도울 수 있을까요? 따라서 당신이 요구하는 조건에서는 그러한 증명이 어렵거나 불가능할 것으로 사료됩니다.

라이프니츠 하나님께서 예견하신 미래의 경우가 필연

> 적이라고 하셨는데, 한 가지는 필연적이고 다른 한 가지는 확실하다고 말씀하셨습니다. 그러나 이 확실성이 하나님의 이념이나 하나님의 예지로부터 출발하는 것인지, 혹은 어떤 다른 요소에 의해 형성되는 것인지는 분명치 않습니다. 자유가 확실성을 위해 모순 위에 서 있다면, 그 자체로 자유가 존재할 수 없다고 말씀하십니다. 이는 어리석은 주장입니다.

또한 필연적이지 않습니다. 당신이 말하는 '나'는 타인이 나를 화자로 알지 않아도 존재합니다. 그러니 3 곱하기 3이 9가 아닌 것을 안다는 것은 3 곱하기 3이 3 곱하기 9가 모순을 포함하는 것을 안다는 것입니다. 이것은 모순입니다. '셈한다는 것'은 이 두 개념을 일치시키는 것입니다. 우연적인 것은 필연적이지 않고, 가능한 것은 필연적이지 않을 수도 있으며, 불가능한 것은 가능한 것이 아니라고 말씀하셨습니다. 좀 더 간단히 말하면[74] 가능

---

74 마리우스 빅토리우스(C. M. Victorius, 281-363)의 아리스토텔레스 『해석론』 I, 3, 25a 37-40에서 보에치우스는 이를 가능성 possibile와 우연 contingens으로 옮겼다. 아리스토텔레스 『분석전서』 I, 13, 32a 18-21에서 가능성이라는 용어의 해석도

한 것은 상상할 수 있는 모든 것으로 이해할 수 있습니다. 즉, 주어진 주의력을 통해 명확하게 판단하는 것이 가능합니다. 불가능한 것은 가능하지 않은 것이고, 필연적인 것은 그 반대가 불가능한 것입니다. 우연적인 것은 그 반대가 가능하다는 것이며, 원하는 것은 어떤 존재에 대한 기쁨을 의미합니다.

스텐젠 의지의 행위는 고통과 기쁨의 지각에서 구별되게 하지 않도록 하는 것처럼 보입니다.

라이프니츠 의지의 행위는 고통과 기쁨의 지각에서 구별되게 할 수 있습니다. 고통과 기쁨은 주관적인 경험으로, 감정이나 심리적 상태를 나타냅니다. 반면에 의지는 인간의 의사 결정에 기반을 두는 행위입니다. 고통과 기쁨은 주관적 경험이지만, 의지는 인간의 인지와 의식적 선택에 의한 동기 부여로 이끌립니다. 의지는 주체적인 힘과 결정력을 통해 행동을 선택하고 추구하는 능력입니다. 따라서 고통과 기쁨이 있을지라도 의지를 통해 그들에 반응하거나 극복하거나 통제할

가능성과 우연이다.

수 있습니다.[75]

원하지 않는다는 것은 어떤 존재에 수난당하거나 비존재에 기뻐한다는 것입니다. 허락한다는 것은 원하는 것도 원하지 않는 것도 아님에도 불구하고 그것을 안다는 것입니다. 저자로 있다는 것은, 그의 의지를 통하여, 그의 존재 이유의 이유가 됨을 말합니다. 저는 이 정의를 취하면, 이 귀결로부터 신적인 정의에 해로울 것은 어떤 것도 없다는 점을 감히 모험적으로 확언합니다.

신학자 위에서 인용하신 하나님의 존재가 필연적이며 일련의 사건과 죄의 원인이라는 주장에 대해 어떻게 답변하시겠습니까? 죄는 하나님의 존재로부터 사물의 총체적 열에 섞여 상쇄됩니다. 필연적인 것으로부터 필연적인 것이 귀결됩니다. 죄는 필연적

---

[75] 'percipere 지각하다'에서 '지각 perception'이라는 명사가 나온다. '이해하다 intelligere'는 '지각하다'보다 인식이 넓다. 'cognoscere는 인식하다'는 '지각하다'와 '이해하다'를 포괄한다. 'statuere 확정하다'는 대상에 대하여 구분하거나 구획하는 인식이다.

'지각들 perceptions'은 판단에서 비롯된 것도 오류로 이끄는 것도 아니며 역학적 기계적 운동으로 설명될 수 없다. 이들의 변화는 단순한 실체의 내적인 활동으로 우리의 존재에서 반복적으로 경험할 수 있는 현상이 되지 않고, 크기, 형태, 운동 등 등도 증명할 수 없으며 지각과 관련하여 상상적이다.

입니다.

철학자 답변드리겠습니다.[76] 사실 어떤 것이 그 자체로 필연적이라고 해서 필연적으로 귀결되는 것은 거짓입니다.[77] 그러나 필연성의 정의로 증명을 마무리하겠습니다. 우연한 어떤 것, 즉, 반대를 생각할 수 있는 것 또한 필연적인 것으로부터 나올 수 있기 때문입니다. 참된 것으로부터는 참된 것 이외에는 아무 것도 귀결되지 않습니다. 그러므로 삼단논법의 다랍티와 펠랍톤[78]과 같이 순수히 보편

---

[76] 구석에서 다음 주석이 삭제되었다. "만일 우리가 그의 본질로부터 그의 존재와 함께 필연적으로 이끌려진다고 이해한다면, 그것을 명확하게 입증할 수 있다. 이 방식으로 보면, 사물의 본질, 속성, 그리고 모순의 일탈은 필연적이다. 가설에 대해서는, 아무리 많은 가설이 제시되어도 실제로 쓸만한 것은 없으며, 가설적인 명제들만이 실제적이고 필연적인 통일이다. 하나님은 사물의 근거이며, 그로부터 사물의 존재가 다른 존재로부터 필연적으로 비롯되는 것은 아니다."

[77] '필연적 귀결'에는 두 가지가 있다. 1. 필연성으로부터 귀결되는 것은 필연적이다: quod ex necessario sequitur, necessarium est. 2. 그 자체의 필연성으로부터 귀결되는 것은 그 자체로 필연적일 수 없다: falsum est quod quicquid ex pe se necessario sequitur, per se necessarium sit. 그 자체로 per se 필연적인 것은 그 자체를 통한 필연성이 아니다.

[78] 다랍티 Darapti는 대전제와 소전제가 보편적이고 긍정적이지만 결론은 개별적이고 긍정적이다.
예, 모든 몸은 실체이다.
모든 몸은 사물이다. 고로, 어떤 사물은 실체이다.

적인 것으로부터 개별적인 것이 귀결될 수 있습니다. 그 때문에 그 자체로 필연적인 것으로부터 우연적인 것이 나오거나, 다른 가설적인 것으로부터 필연적인 것이 나오지 않습니까?[79] 그래도 그 자체의 필연적 개념으로부터 필연성을 증명할 수 있습니다. 저는 필연적인 것은 예컨대, 그의 부정은 이해할 수 없는 것으로 정의합니다. 그러므로 사물의 필연성과 불가능성은 그들 밖에서가 아니라 그 자체의 이념에서 찾아야 합니다. 그리고 그들이 함축하는 관점을 찾아야 합니다. 실제로 여기서는 오직 그 자체로 필연적인 것만 필연적이라 부르는데, 그들은 기하학의 진리와 같이 그 자신 안에 존재와 진리 근거를 갖습니다. 존재하는 사물로부터는 하나님만이 있고, 나머지 것은 상정된 사물

펠랍톤 Felapton은 대전제가 보편적이고 부정적이고 소전제는 보편적이고 긍정적이다. 결론은 개별적이고 부정적이다.
예, 어떤 무신자도 하나님의 마음에 들 수 없다. 모든 무신자는 인간이다. 고로, 하나님의 마음에 들지 않는 어떤 인간이 있다.

79 토마스 아퀴나스는 조건적 필연성과 무조건적 필연성을 구분했으며, 라이프니츠는 절대적 필연성, 형이상학적 필연성, 수학적 기하학적 필연성 등을 동등한 개념으로 취급한다. 가설적 필연성은 도덕적, 행복한, 혹은 물리적인 필연성을 의미한다. 따라서 아담의 몰락은 가설적인 것에서 필연적인 것으로의 전환에서 발생한다고 이해할 수 있다. 이러한 필연성은 아담 자체의 본질에서가 아니라 가설에서 비롯된다.

의 열로부터 나옵니다. 이것이 사물의 조화입니다. 혹은 하나님의 존재로부터 오는 모든 것은 운명에 따릅니다. 일정한 예견의 근거에 따라 아무것도 대충 생기지 않을지라도, 그것은 우연적이고 가설로만 필연적이라고 할 수 있습니다. 그러므로 한 사물의 본질이 명석 판명하게 알려진다면(예를 들어 두 다리 중 하나는 다른 다리와 같지 않거나, 죽지 않는 짐승이 있다는 등) 그것을 가능한 것으로 간주해야 합니다. 가능한 것은 사물의 조화 가운데 존재하며, 그것은 하나님의 존재와 대립하지 않고 결코 존재로 나타나지 않고, 오로지 우리의 이념 속에서 불가능하게 남아있을 수 있음에도 불구하고 그들의 부정은 필연적이 아닙니다. 따라서 (그 자체로서 절대적으로) 존재하지 않았고 존재하지도 않을 것을 불가능한 것으로 선언한 자들은 오류에 빠집니다.

신학자 하지만 참으로 항상 존재했던 모든 것은 필연적으로 존재하게 되고, 한 번은 존재했던 모든 것은 필연적으로 존재했으며, 지금 존재하는 모든 것이 어떤 경우에도 항상 존재하는 것은 필연적이 아닙니다.

철학자 중복이 없다면 그 명제는 분명히 거짓입니다. 중복을 피하기 위해 생략한다면 의미는 다음 같습니다.

'모든 것은 어떤 경우이다.' 그것이 경우라면, 그것이 필연적이다. 또는 (필연성의 정의로 대체한다면) '모든 어떤 것은 미래적이다.' 이는, 그것이 미래 경우라면, 그것이 미래에 미래적이 아니게 되는 경우는 파악할 수 없는 경우다.

중복을 제거한 경우, 이 명제는 거짓입니다. 미래에 발생할 수 있는 사건에 대해서, 그것이 발생하지 않을 수도 있다는 사실을 파악할수 있어야 합니다. 양자 엉킴에 대한 양자 역학적 요구로 발생하지 않은 사건에 대해서는 그것이 발생했을 것으로 알려질 수도 있습니다. 이는 섬세한 시인들이 현실적으로는 없을지라도 상상을 가능하게 만들었습니다.[80] 존 바클레이의 아르게니스[81]가 결코

---

80 전부 x로 그은 부분의 주석은 다음 같다. "사람들은 더욱 명확하게 말해야합니다. 불가능한 것은 그들 자체의 본질과 조화되지 않는 것입니다. 일치하거나 거부되지 않은 것은 그들의 본질이 존재와 조화될 수 없는 것이거나 (이것은 이미 있지 않았으며, 여전히 존재하지도 않고, 앞으로도 존재하지 않을 것입니다), 그리고 존재하는 것 중에서도 가장 처음이며 본질적인 것은 그 자체로부터 존재하는 하나님입니다."

81 프랑스 왕 앙리 3세가 비밀서로 봉했다는 존 바클레이(J. Barclay, 1582-1621)의 정치적 우화 소설 『아르게니스』다. 이

존재하지 않았을지라도 장래에 존재할 것이라는 것[82]을 믿지 않지만 있을 가능성이 있습니다. 따라서 명확하고 분명하게 표현될 수 있는 것은 가능합니다. 그 이유는 이단적인 신념[83] 이전의 무한한 시간 경에서 모든 가능성은 한 번은 여전히 발생하며, 어떠한 것도 미래 세계에 발생하지 않을 수 있음에도 불구하고 아주 작은 가능성의 범위에서

책은 1621년 파리에서 라틴어로 출간되어 큰 반향을 일으켰다. 이 소설은 1608년부터 1618년까지 분열된 17세기 유럽의 종교 개혁과 종교 전쟁을 배경으로 다룬다. 라이프니츠는 임종 시기에 이 책을 다시 읽었다고 한다.

82 가능성에 대한 판단 기준이 그 실현이 아니라는 관점에서 스토아 철학의 디오도로스, 로마 철학자 키케로, 그리고 기독교의 아벨라드, 위클리프, 홉스, 등은 무조건적 필연성에 대한 잘못된 가능성 개념으로 생기지 않은 것은 불가능하다고 생각했다.

83 데카르트가 이 오류론을 대변한다. 데카르트는 『철학의 원칙』에서 "만일 요컨대 저들의 능력에 의하여 저 질료가 저들의 모든 형상을 받을 수 있으며, 그것이 연쇄적으로 동화한다면, 우리가 저 형상들을 질서 속에서 고찰하였더라면, 종국으로는 우리가 이 세계 저 형상에까지 무엇이 있는 지에 도달할 것이다. 나에게 중요한 것은 잘못된 가정으로부터 인한 오류들을 두려워할 것이란 없다는 점이다."라고 말한다,

여기에 대해 라이프니츠는 1676년 말 파브리(H. Fabri, 1608-1688)에게 보내는 서한에서 "한번은 이 세상에서 존재하는 것이라도, 그것은 동일하기 때문에 질료가 그렇게도 쓸모없이 거기서 놀랄만하게 모든 형상을 연쇄적으로 수용할 수 있는 것은 아닙니다. 또한, 모든 가능한 것이 한 번은 존재할 수 있는 것으로 귀결되는 것도 아닙니다."라는 견해를 표명한다.

도 생각되지 않을 수 없게 합니다. 이러한 사실을 인정하면, 아르게니스가 있지 않았을지라도 있었을 것이라는 것은 불가능하지 않는 것으로 남습니다.[84] 반면에, 다른 사람들은 가능한 것과 실제적인 것, 필연적인 것과 우연적인 것의 차이를 부정하여 필연성의 개념을 비난하며, 단어의 의미를 왜곡하여 인류의 일반적 언어 사용에 반합니다. 그러므로 죄와 저주, 그리고 우연적 사건은 이들의 필연적 원인인 하나님의 존재와 사물의 조화로부터 발생할 수 있지만 필연적이 아닙니다. 따라서 결코 발생하지 않을 것으로 확정된 사건이 발생한 것은 사실이 아닙니다. 또는 사물의 조화가 지속될 수 없다는 것을 알아차릴 수 없다면, 그것은 단지 알아차릴 수 없거나 불가능하다는 것을 의미합니다. 확실한 것은 사물의 조화로부터 유다가 결코 구원되지 않을 것이라는 예견이 필연적이지만, 유다가 구원될 수 없다는 것은 불가능한 것이 아닐 수 있습니다.

신학자 당신이 방금 논증하신 대로, 확실한 것이 존재하

---

84 이 구절은 라틴어 접속법 2식 문장으로 과거에 채워지지 않았거나 비 실제적으로 생각된 사건에 대한 현재의 희망을 표현한다. 가능성의 개념은 현재 불가능할지라도 개념 안에 모순이 없는 한 비현실 세계로 확장할 수 있다.

거나 그렇지 않은 것으로부터 필연적인 것과 불가능한 것이 명시되는 것처럼, 이와 같은 사유는 모든 민족의 언어 속으로 스며들었고, 일반적인 동음이의를 통해 강화되었습니다.

철학자 그러나 동일한 내용을 두 번 말해야 하는 생략은 모두가 지치기 쉬운 중복입니다.

신학자 결론적으로, 과거 철학은 현재 이슬람 철학자나 전쟁이나 역병과 같은 위험에 처한 지배자에게 매우 가치 있는 추론을 제안했습니다. 그들은 전 세계에 퍼져있는 부적절하게 행동하는 게으른 거짓 추론[85]의 참된 근거를 확신을 통해 해소하려고 노력했습니다. 재앙으로부터 탈출할 수 없다는 이유로 저항하는 것은 쓸모가 없다는 주장이나 아무 일도 하지 말아야 한다, 등을 주장했습니다. 하늘은 게으른 자에게도 선물을 제공할 것이라는 주장

---

[85] 게으른 거짓 추론은 세 가지다. 첫째, '모하메드 운명 Fatum Mahometaneum'이라 부르는 것으로, 이는 인간이 어떠한 노력을 해도 재앙에서 벗어날 수 없으므로, 하늘이 명한 것은 받아들여야 한다는 주장이다. 둘째, '기독교 운명 Fatum Christianum'으로 운명에도 불구하고 인간의 본래적인 활동성을 인정하는 주장이다. 마지막으로 '스토아 운명 Fatum Stoicum'은 모든 굳건함이 결코 중요하지 않다고 보는 견해다. 이들은 모두 거짓 추론으로 인간의 행위와 노력이 무의미하거나 완전히 운명에 종속되어야 한다고 주장한다.

이었습니다.

철학자 옳게 이해하셨습니다. 정신적으로 강력한 이러한 주장은 게으르게도 종종 가설적 원인에서 누락되었거나 존재 자체에서 비롯된 잘못된 거짓 추론일 수 있습니다.[86] 미래에 발생하는 모든 일이 실제로 발생하는 것은 사실이지만, 절대적 필연성의 의미에서 필연적인 것은 우리가 무엇을 하거나 마느냐에 달려있지 않습니다.[87]

신학자 저해된 어조와 비난적인 표현을 사용하는 대신 상대를 존중하고 이해하는 방향으로 대화해주시길 부탁드립니다. 논의를 건설적으로 이어나가기 위해서는 서로의 의견을 존중하는 것이 중요합니다. 운명과 선택, 노력, 그리고 기회 사이에는 복잡한

---

86 게으른 거짓 추론은 원인을 필연성이 아닌 가설에 의존한다. 예를 들어 저주는 하나의 영원한 진리처럼 하나의 불변의 원인에서 나오는 것이 아니라, 저주가 나타나지 않기 위하여 중지될 수도 있는 죄스러운 의지의 행위를 원인으로 갖는다고 본다. 게으른 거짓 추론은 존재 자체의 선 조건을 잘못 전제한다.

87 17세기 강단 철학은 "원인이 없으면 결과도 없다: Nihil esse in effectu, quod non prius fuerit in causis"의 명제를 세 가지 측면에서 고려한다. 첫째, 자연은 원인과 결과가 일치한다고 가정한다. 둘째, 역학은 원인과 결과가 동등하다고 간주한다. 셋째, 형이상학과 논리학은 하나의 결과는 항상 그를 일으키는 원인과 연결된 사건을 전제한다. 이 원리는 1678년 힘의 보존 법칙으로 제시되고, 1716년 예정 조화 체계의 전제다.

상호 작용이 존재합니다.[88] 당신이 말씀하신 대로, 운명이라고 선언한 것이 악을 피할 수 없더라도, 조심하고 대비하는 노력을 기울이지 않으면 안됩니다. 부지런함과 기회를 활용하면 어떤 일도 운명적으로 준비할 수 있습니다. 이것만 믿고 기회가 왔을 때 활용해야 합니다. 그러나 그것이 미래에 발생할 가능성이 있다면 하나님의 계획에 따라 미래에 발생할 것이라고 말할 수 있습니다. 우리는 이를 인정하지만, 그렇다고 해서 미디어나 미지에 의존해서 행동을 결정하는 것은 올바른 방법은 아닙니다. 대신, 우리는 상황을 지혜롭게 판단하고 평가한 다음 행동해야 합니다. 법이 경각警覺을 위하여서만 써졌을지라도, 행복은 잠든 자에게는 드물게 몰아치기 때문이지요. 그러므로 지금 당신은 당신을 반대하거나 당신을 위하여 결정하던가, 당신에게 알려져 있지 않은 것을 마치 결정한 것 인양, 혹은 아직 결정하지 않은 양하면서,

---

[88] "만일 하나님이 목적을 가지면, 그는 한 수단을 예견한다."는 크리시피우스(Chrysippus, B.C. 281-204)와 키케로(M. T. Cicero, B.C. 106-43)가 제시한 주장으로 하나님이 목적을 가질 때, 목적을 이루기 위해 수단을 미리 계획한다고 한다. 하나님의 지혜와 계획으로 하나님의 목적과 수단 사이에는 완벽한 조화와 일치가 있다.

당신의 행동을 미지의 방향에 맡길 수 없는 것처럼 행동하십시오. 그러면서 당신이 당신의 문제를 손으로 붙잡으면, 운명으로 오는 모든 것은 사물의 소리를 통하여 오므로, 하나님께서 당신을 위하여 아무 것도 앞서 판단하시지 않으셨다고 하는 것입니다. 예지, 운명, 예정, 생명의 기간에 대한 전체의 토론은 인생을 인도하는데 아무런 도움도 주지 않습니다. 이 모든 것은 우리가 추후 사유를 하지 않을지라도 똑 같은 방식에서 행해집니다. 만일 어느 누군가가 끊임없이 하나님을 사랑하면 그는 이 사건[89]을 통하여 명백하게 영원으로부터 그 자신에게 예정되었음을 선언한 것입니다. 우리가 원하는 것은 은총에 속한 것일지라도 그것을 원하면(무엇을 우리가 더 많이 원하고 요구하여야하는 것일까요?) 우리는 예정되었다고 할 수 있습니다.

철학자 참으로 맞습니다. 우리 학자들도[90] 그것은 참이라고 확신할 수 있을 것입니다.

신학자 하나님은 죄를 원하는지 원치 않는지에 대한 질문

---

[89] 야고딘스키나 벨라발은 이 구절을 '행위 actus' 판독하였으나 쉐이퍼스는 이를 '사건 eventus'로 바로잡았다.

[90] 'disputatores'는 철학적 논증을 수행하는 논쟁자들이다.

이 남습니다. 일단 하나님은 죄를 기뻐하지 않는 같습니다. 하나님은 그분의 존재 자체 때문에 어떤 것도 걱정하지 않습니다. 왜냐하면 그분은 걱정하실 수 없기 때문입니다.

스텐젤 하나님은 고통이 없이는 아무 것도 원할 수 없을 수 없는 것 같아 보이십니다.

그러므로 죄의 존재가 하나님을 고통스럽게 할 수 없습니다.[91] 그러나 근심하지 않는 자는 그것을 미워할 수 없습니다. 그러므로 존재하지 않는 것 이외에는 하나님이 원하지 않은 것은 없다고 말할 수 없는 것입니다.[92] 비존재는 그의 은총으로 말미암은 것이라고 말할 수 있기 때문입니다. 우리가 비존재에 어떤 기쁨을 느끼는지는 굳이 말씀드리고 싶지 않습니다. 이것은 당신이 도입하신 정의의 근거에서 그렇다는 것입니다.

---

91 하나님이 죄로 인해 모욕을 당했거나 혐오를 느끼는지에 대해, 하나님은 모든 시간에 만족하시고 '완전히 완벽하게 조절되어 계시다'고 한다. 하나님이 고통과 혐오를 느끼는지에 대해 말하는 것은 허용되어있지 않다.

92 다음 구절이 기록이 삭제되었다. "내가 죄인의 죽음을 원하지 않는 것처럼, 나는 종종 원하지 않는 것을 원한다."

신학자와 철학자의 대화   89

철학자 당신은 올바른 결론에 도달하셨습니다. 죄를 스스로 생각해내지 않는 한, 하나님은 그것을 미워하시지 않습니다. 하나님이 사물의 조화를 나르시기 때문에, 그것이 존재한다고 하면, 그것은 죄를 허락한다는 것을 의미합니다. 허락한다는 것은 원하는 것도 아니고 원하지 않는 것도 아닙니다.

신학자 용서를 구합니다. 하나님이 죄를 원하시는 같습니다. 그 이유는 사물의 조화의 은총이 하나님께 속하고, 죄의 존재가 사물의 조화와 관련되기 때문입니다. 그러나 우리는 당신의 정의에 따라 우리가 기뻐하는 것과 그의 존재를 원합니다. 요컨대 하나님께서 죄를 원하신다고 말할 수 있습니다.

철학자 그 추론에는 기만이 내재하는 같습니다. 조화가 은총이라고 해도, 조화에서 나오는 모든 것이 규칙적이거나 은총이라 할 수는 없습니다. 전체 조화가 은총이라면, 부분은 은총이 아닐 수도 있습니다. 전체 조화에서 불협화음이 발생하더라도, 그것은 은총의 불협화음이 아닙니다. 그 자체로 기쁘지 않은 것은 전체 은총의 보호에서 제외되어 실제로는 전체 은총으로터 제거됩니다. 그래서 불협화음은 혼합으로 통합되고 내버려진 것으로부터 상쇄됩니다. 전체 은총, 전체 조화, 전체 동형성만이 조화입니다. 하나님은 구원받은 자의 존재에서 기뻐하시며, 버림받은 자로부터 고통당지 않으십니다. 왜냐하면 하나님은 어떤 사물에 대해서도 보편 조화에서 제외되어 사라져 상쇄된 고통에 저항하지 않으시기 때문입니다.

신학자 실제로 당신은 제가 기대했던 것 보다 더 큰 어려움을 안고 있습니다. 당신은 하나님은 죄를 바라지도 싫어하지도 않으시고 오히려 그것을 허용하신다고 말하는 것이 합리적이라는 점을 보여주었습니다. 즉, 발생하는 죄는 하나님이 원하지도 원하지 않으시지도 않는 것도 아니라 허용하신다는 점입니다. (지금까지 어느 누구도 이점을 제게 알려주지 못했습니다).

철학자 그래서 당신은 이의가 없단 말입니까?

신학자 저는 당신이 하나님이 죄의 선동자라고 말하시려는 줄 압니다.

철학자 맞습니다. 진정한 선동자는 따로 있습니다. 제가 말씀드리는 것은 하나님이 아니고 당연히 죄만을 원하고 악을 기뻐하는 인간이고 마귀입니다.

신학자 맞는 말씀입니다. 죄를 기뻐하는 자들이 진정한 선동자입니다. 그들은 나쁜 일에 기뻐합니다. 그렇지 않으면 인간이나 마귀도 단지 죄를 묵인할 뿐이라고 주장할 수 있습니다. 죄 지은 사람은 마땅히 해야 할 일을 했을 뿐이고, 필요에 따라 타인에게 해를 끼쳤다고 말할 수는 없습니다. 오히려 그는 하나님에 대한 보편 선을 미워하고 따라서 죄와 모순을 기뻐해야 한다고 말해야 합니다. 그러나 나쁜 것이라기보다는 오히려 무지함으로 딴 길로 새는 자는 어떻게 되나요? 그자는 단지 자신의 죄를 묵인했고, 곧 죄가 허용된 것이라 말해야 하지 않을까요?

철학자 우리는 그렇게도 볼 수도 있습니다. 위에서 설정한 정의에 따라, *허용한다는* 것은 원하는 것도 원하지 않는 것도 아닌 죄인의 오류로부터 죄인에게 히러 무엇이 부족한 가를 안다는 것입니다.[93] 죄인은 죄의 짓, 즉, 행위를 원합니다. 하나님은 허용하신 것이 공공선에 거슬러지는 것이 아니라 이 불협화음은 다른 방식으로 무게가 달린다는 점을 아시기 때문에 죄를 허용하십니다. 그러나 죽도록 죄 짓는 인간은 그의 행위가 공공선을 거스른다는 것, 행위로만 자신에 대한 벌을 통해 조화로 어울

---

[93] 죄는 어두움과 무지에 기인하며 죽을 죄와 짐진 죄의 차이는 의지와 무지다. 정식화된 문구는 다음 같다. "나아가 의지가 지성의 원인이면, 지성의 원인은 감각을 느끼는 것이다."

려질 수 있음을 압니다. 그는 그것을 미워하기보다는 오히려 행위를 통해 공공선이나 세계 질서를 죽도록 미워하며 죄를 짓습니다.

신학자 당신은 정말로 저를 완전히 만족시켰습니다. 당신은 죄에 대한 하나님의 의지를 영광스럽게 무죄 판결을 내렸습니다. 당신의 말씀을 요약하자면, 우리는 할 수 있고 의욕하기 때문에 죄를 지을 수가 있습니다. 만약 우리의 할 수 있음의 근거가 태어난 자로부터 오고, 태어난 자는 양친으로부터 오고, 서로 영양은 주고 받아들이고, 그렇게 계속하여 이어져 나아간다면, 양자는 예컨대 외부로부터 옵니다. 지성이 의지의 이유이고, 감각이 지성의 이유입니다. 감각의 이유가 대상이고, 대상의 상태는 외부에 있습니다. 곧, 죄의 능력과 의지는 외부로부터 옵니다. 요컨대 이것이 사물의 현재 상태입니다. 사물의 현재 상태는 다른 앞선 상태에서 생기고, 앞서나가는 것은 다른 앞선 것에 의존하여 계속 나아갑니다. 따라서 사물의 현재 상태는 요컨대 사물의 원천으로부터 옵니다. 현재 사물의 원천은 보편 조화로부터 오고, 보편 보화는 그 자체로 영원하고 변경할 수 없는 이념으로부터 옵니다. 신적인 지성에 포함된 이념들은 신적인 의지를 포착함이 없이 그 자신으로부터 옵니다. 하나님은 의지함으로 이들을 인식하시는 것이 아니라 계시기 때문에 이들을 인식하십니다. 그러므로 현재의 죄는 보편 조화에 은총이 내려지 않으면 자체적으로 다른 형태일 수 없습니다. 다른 형태는 보편 조화이며 항상 신적인 의지로부터만 허용될 수 있습니다.

철학자 그래서 당신은 무엇을 여전히 반대하시나요?

신학자 사실 많은 어려움을 안고 있습니다. 우리는 확실히 모든 어려움을 극복하지 못하고 있습니다. 우리가 우리 자신에서 자유롭지 못한 한, 하나님의 선하심과 죄가 화해된다고 한들 무슨 소용을 있을까요? 죄인이 하나님과 함께 의롭다며 하나님을 의롭다한들 무슨 유익이 있을까요? 만약 신적인 의지를 괄호로 제한하고, 모든 것을 무력하게 외부에 세워둔다면 어떤 이점이 있을까요? 모든 것이 외부 사물의 결과고, 모든 욕망이 외부 사물에 의해 결정되고, 예정된 순서가 우리의 생각을 지배한다면, 하늘에 맹세할 우리의 자유는 도대체 뭐가 된다는 말인가요?

철학자 제발 당신 스스로 제대로 충분히 이해하지도 못하고 적절히 표현하지도 못한 사상에 대해 스스로

열불 내지 마시길 바랍니다. 당신의 제안처럼 우리는 이전에 모든 것에는 충분한 이유가 있다는 충족 이유율에 동의했습니다. 물론 무언가를 바라는 행동에는 충분한 이유가 있습니다. 이 충분한 이유는 행위 자체의 외부에 있거나 행위 자체에 있어야 합니다. 그러나 후자의 경우는 자급 자족하는 존재를 바라는 행위일 것이며, 이는 하나님에게만 적용됩니다. 그러므로 의지한다는 것이 무엇을 의미하는지 정의해야 합니다. 무언가를 의지한다는 것은 무엇을 의미하는가요?

신학자 당신이 이전에 신중하게 정의하신 대로, 우리가 존재를 지각하든지 아니면 단지 비존재를 상상하든, 좌우당간 존재에 기뻐한다는 것을 의미합니다.

철학자 앞서 말씀드린 대로 기쁨은 조화의 의식입니다. 따라서 우리가 의지하는 모든 것은 조화로 표현됩니다. 그러나 어떤 것이 조화롭게 보이는지는 지하는 대상과 그들 사이의 매개체의 특성에 의존합니다. 따라서 우리가 의지한 것을 우리의 능력 안에서 할 수 있을지라도, 우리가 의지한 것이 우리의 능력 안에 있는 것은 아닙니다. 누구라도 진실로 알고 있는 것을 믿지 않으려고 할 사람은 없습니다. 그러므로 신앙은 의지에서 온 것이 아닙니다. 의지 또한 의지에서 온 것이 아닙니다. 어떤 사람이 의지하는 것과 의지하지 않은 것 사이의 갈등에 시달린다면, 무엇을 신앙하던지 간에[94] 이유 없이 작용하지 않게 할 이유는 없습니다. 만약 신체적 견해가 의지의 능력 안에 없다면, 의지는 의지하는 자의 능력 안에 있는 것이 아닐까요? 의지하기 때문에 의지하는 것을 정한다면, 우리는 왜 의지하는 것을 의지할까요? 이는 다른 의지에 의해, 아니면 무언가 다른 것에 의해, 다시 말해, 아무런 이유없이 그렇게 행동하는 것이 아닐까요?[95]

신학자 저는 당신의 주장에 대해 반박할 사람이 없다는 점은 동의하지만, 우리의 자유 의지가 상실되었다는 저의 이의는 반박하지 못하신 것으로 보입니다.

철학자 당신이 언급하신 방식으로 자유 의지를 정의하신다면, 저는 그 정의를 받아들일 수 있습니다. 자유 의지는 행위에 필요한 내적 또는 외적 조건이 모

---

[94] 어떤 것을 신앙하거나 신앙하지 않는 것은 능력이 아니다. 신앙은 설득의 근거가 자신에 있다는 것을 자의식 하는 것이다.

[95] 의지를 통한 근거의 발견은 무한으로 이어질 수 있다.

두 충족되었을 때, 행위할 수 있고 안할 수 있는 능력입니다.[96]

신학자 뭐요? 이 정의는 허점투성이 아닌가요?

철학자 한마디로, 설명이 없으면, 모든 요구 사항이 성립하는 동안 어떤 것이(이 자리에 행위가)

> 스텐젠 내버려진 문제의 의미를 드러내기 위하여 필연적으로 함께 경과되어온 것에 분석이 요구됩니다. 그리고 어떤 것을 움직이기 위하여서는 필연적으로 요구된 어떤 것이 함께 경과되어야 합니다. 실제로 운동은 운동을 위하여 필요로 요구되는 모든 실질적 것이 정하여진 다음에 옵니다. 물체 내부뿐만 아니라 외부에서도 요구되어질 수 있고 혹은 따로 그렇지 않으면 운동이 [안] 생길 수 있기 때문에, 나는 질료적 물체들에서 상상의 환상을 내세웁니다.
>
> 라이프니츠 나는 실질적인 요구는 인정합니다. 그러나 자유로운 행위에 대하여 또한 이것이 일정

---

96 만일 행위의 모든 조건이 결정되었다면 자유로운 결정은 없다. 모든 결정이 이미 정해져 있는 경우 하나의 규정된 행동만 허용된다. 자유 의지의 정당성이 부여된 경우는 완전히 행하거나 중지하기 위해 모든 것이 행위 자신에게 주어져 행위의 자유는 외부에 의존하지 않은 내면의 '근원적 성향'이다.

> 방식에서 실질적인 운동에 요구되는 것일
> 지라도, 비물질적인 것을 요구합니다.

존재하지 않는다고 하는 것은 단어로 정의한 이후에도 여전히 정의하지 않을 수 있다고 하는 것과 같거나, 심지어 무엇인가 존재하고도 존재하지 않는다고 하는 것과 같습니다. 어떤 것이 존재하지 않는다면 요구 사항 중 어느 하나가 누락되었을 것입니다. 왜냐하면 정의는 요구한 것의 열거[97] 외에는 다름이 아니기 때문입니다.

신학자 요약하자면, 정의를 정확하게 내려야 합니다. 자유 의지란 행위에 필요한 모든 것이 외적으로 주어졌을 때, 행위하거나 행위하지 않을 능력입니다.

철학자 다시 말씀드리면, 이 정의에 따라, 외부의 모든 조건이 행동에 도움이 되더라도, 내가 행위하려고 의지하지 않으면 나는 안 할 수 있다는 말입니다. 만약 행위의 원칙을 행위자의 외부에 두어야 한다면, 그 원칙을 따를 사람은 없을 것입니다. 아리

---

97 유명론 '열거'는 알려진 사물로부터 충분히 구별되는 다른 모든 것을 포함한다. 유명론의 열거에 충분히 알고 있는 사물의 나열 이외의 것은 없다. 비교 아리스토텔레스, 『니코마코스 윤리학』 III, 3-4, 1111a22-1112a17.

스토텔레스도 자발적이라는 말에서 행위자의 원칙을 행위에 두고 선택이 자발적일 때 자유롭다고 정의했습니다. 따라서 사람의 행위가 자연에서 나오면 나올수록 외부로부터 영향을 덜 받을수록 더 자발적입니다. 순수하고 조용한 정신으로 그 사실을 깨닫는다면, 더 많은 선택 능력[98]이 있으면 있을수록 더 자유로워집니다. 자발성은 능력에서 오고 자유는 지식에서 옵니다. 그러나 우리는 어떤 것이 좋다고 생각하고, 그것을 의지하거나 의지하지 않으면서, 존재하는 외부 도구를 충분히 안다면서도 행하지 않는 것은 이상한 일입니다. 자유의지의 특권은 삶의 십자로에서, 의지하는 것만을 행하고, 좋다고 생각하는 것만을 의지합니다. 우리는 최상의 종합적 이성 사용으로 좋다고 생각하는 것만을 의지할 수 있습니다. 그러나 여기서 우리는 이성 사용으로 무엇이 좋은지 모를 수 있기 때문에 자연이 우리에게 어떤 '합리적 비합리성'이라는 능력을 부여했어야 한다고 불평할 이유가 없습니다.

---

[98] 자유는 자기 활동이나 즉흥성 이외에도 선택이나 결정을 내리는 능력이며 결정과 임의성의 지식은 서로 상충되지 않는다. 즉흥성은 아이들과 동물에게서 발견되는 특징으로, 아이들과 짐승에게는 지식과 결정이 없다.

스텐젠 그러나 또한 추적할지라도 자유 의지가 요구되는가요? 혹은 그러므로 최상의 포괄적 이성의 선물을 헛되이 찬양하거나 혹은 이를 사용하기 위한 자유가 허용되어져야만 합니다.

라이프니츠 어느 누군가는 그것을 사용하기 위하여 진지하게 이 자유를 부인하였을 것입니다. 저는 비평가 자신이 이것을 알고도, 떠올리고 있는 이 표상들을 이해할 수 없습니다.

신학자 그러나 어떤 지식과 사려로 이유도 없이 어떤 것을 할 수 있거나 중지할 수 있을 자유가 있다고 (순수한 기분에서) 자유를 과장하는 사람들이 있습니다.

철학자 저는 이것이 단지 속이거나 속는 문제라고 생각합니다. 사람들은 자신의 의지가 외부 요인에서 비롯된다고 생각하는 것을 좋아하지 않습니다. 그리고 그 생각을 거부함으로써 얻는 즐거움이 동기를 부여합니다. 그러나 의지 자체는 의지를 위해 (그리고 결코 의지만이 아니라) 속이거나 속는 자리에 들어섭니다.

신학자 그러나 제가 행동을 취하여 당신에게 손짓한다고

상상해 보십시오. 제가 이 손짓을 이쪽으로 그리고 저쪽으로 절대적으로 옮길 수 있지 않나요?

철학자 당신이 원하시는 대로 손을 움직일 수 있죠.

신학자 그럼 보시다피, 왜 지금 제가 왼쪽이 아니라 오른쪽으로 돌리는 이유가 무엇입니까?

철학자 미묘한 이유들은 의심할 여지없이 숨겨져 있습니다. 그것은 제가 처음 보고 느꼈던 대로 정신적으로 내면화되었을 수 있습니다. 아마도 당신이 손을 그 방향으로 돌리는 것이 익숙했거나 다른 방향으로 움직이는 것이 더 어려웠을 수도 있었습니다. 아주 작은 상황에서 이러한 행동이 나올 수 있는 이유는 너무나 많기 때문에 행복한 박자를 펜으로 기술하기 어려운 것입니다.

신학자 그러나 당신이나 천사나 심지어 하나님까지도 제가 어느 방향으로 손을 움직일지 예측한다고 할지라도, 저는 동시에 그 손을 다른 방향으로 돌려 저의 자유를 주장할 것입니다.

철학자 그러나 그로 인해 당신은 더욱 자유롭지 않게 됩니다. 왜냐하면 당신은 모순의 즐거움으로 인한 욕망에 부추겨져서 반대로 행하시기 때문입니다. 아시다시피 당신이 항상 예측된 것과 반대로 행하신다면, 아무리 오류 없는 예언자라 할지라도 당

   신에게 미리 말해야 하는 한 그 행동을 예측할 수
   없을 것입니다. 그는 조용히 그것을 예상하고, 당
   신의 동작을 제삼자에게 알릴 수도 있습니다.

신학자 그렇다면 제삼자는 왜 그것을 저에게 미리 말할
   수 없습니까?[99] 그러나 그가 진실을 예측했다면 왜
   그렇게 못할까요? 모든 화자는 그가 알고 있는 것
   을 청취자에게 말할 수 있기 때문에 가능합니다.
   그럼에도 불구하고, 저는 그가 한 말에 반대를 행
   할 것입니다. 그러므로 예지 능력이나 자유 의지
   는 제거되어야 합니다.

철학자 이 논의는 얄팍하고 미련합니다. 어떤 마음이 항
   상 어느 누구가 예측한 것과 반대를 행한다면, 그
   의 마음은 전지자일지라도 조화와 보순되는 결론
   을 내립니다. 따라서 그러한 마음은 전지자나 사
   물의 조화와 양립할 수 없는 존재[100]로서, 존재하지

---

99 지워진 것은 다음 같다. "그가 말한 것이 발생되는 것이 참이라
 면, 왜 그는 할 수가 없는가? 그렇지 않으면 내가 가리키게 되
 는 것은 거짓이다. 만일 그가 잘못일 수가 있으면 그리고 너에게
 그러하다고 예언되면, 그것은 너의 의지를 모순으로 변경하기
 에 충분히 강력하다. 그러나 이런 방식으로 그가 잘못일수는 없
 다."

100 '호환성 compatibility'과 '비호환성 incompatibility'은 하나님
 과 사물의 결합 방식이다. 호환성은 하나님과 사물이 상호 조
 화로 결합될 수 있는 개념이고, 비호환성은 상호 조화되지 않

않았으며, 현재도 존재하지 않으며, 앞으로도 존재
하지 않을 것입니다.
신학자 그러나 당신은 잘 알려진 구절에 대해 어떻게 생
각하시나요?

더 나은 것을 인식하고 그것을 인정한다. 그렇지만
더 나쁜 것을 쫓아간다.[101]

철학자 무슨 말씀이신지요? 이 구절은 정의에 의하여 이
해되지 않거나 무의미하다고 해석할 수 있기 때문
에 문제가 있습니다. 오비드는 이 작품에서 메데
아는 자신의 자녀들을 살해하는 일이 부당함을 알
고 있었지만, 아버지를 복수하려는 욕망이 범죄의
공포를 압도할 수 있다는 사실을 묘사했습니다.[102]
범죄가 악보다 큰 선으로 초과된다면, 그녀의 선
택은 양심의 갈등을 초래하면서도 죄를 짓는다고

거나 불일치하는 개념이다.

101 참고 오비드(P. Ovidius N., B.C. 43- A.D. 17), 『메타모르포
시스』 VII, 20-21운문.

102 오비드는 비극시 『메데아』에서 적었다. "나는 더 나은 것을 인
정하고 그것을 인정한다. 그럼에도 불구하고 나는 더 나쁜 것
을 쫓아간다." 참고, 『변신론』 § 154.

해석할 수 있습니다.[103] 그녀는 죄를 두고 행하는 '더 나은 것'과 '더 나쁜 것'은 '정당한 것'과 '부끄러운 것'의 의미로 사용합니다. 그러나 이 구절에서는 어느 누구라도 언제나 '더 나쁜 것'을 선택할 것이라는 주장을 증명할 수 없습니다. 또한 누군가 원하는 것이 무엇을 의미하는지 물었을 때, 한 번이라도 명확하게 대답할 수 없는 한, 이는 모든 도덕적 가치를 거부하는 것입니다.

신학자 오, 당신은 저를 거의 확신시키시는군요.

철학자 우리 인간은 참으로 어리석습니다. 우리는 자연과 하나님의 축복을 무시하고, 그 대신 발견되지 않은 반인적이고 허황된 환상을 갈망합니다. 우리는 참된 자유와 이성적 사유에 만족하지 못하면, 우리 자신이 충분히 자유로움을 누리지 못한다고 생각합니다.[104] 그래서 우리는 현실을 통해 이성적으로 이해하고, 진정한 가치를 깨닫는 데 이성을 활용함으로 의지를 강조합니다. 이러한 상황에서 최고의 자유는 존재하지 않는 것처럼 보일 수 있습니다. 순수한 표현과 저항할 수 없는 진리는 어떤 언

---

103 범죄나 죽을 죄는 확실한 의식적 행위의 귀결이다.

104 '비이성의 능력 potestas brutalitas'는 흉악한 짐승같은 능력이다.

어의 표현으로도 왜곡되지 않습니다. 정신이 부재한 자는 생각이 오류에 빠집니다. 그러나 그가 의지로 인해 죄에 빠지거나, 온전히 개방된 마음으로 저지른 어떤 실수로 인해 손해를 당하지 않을 때, 제시된 매체에서 실체와 자신과의 차이를 알아차릴 수 없습니다. 하나님의 자유는 하나님께서 최상을 선택하실 때[105] 오류에 빠지지 않음을 보장합니다. 천사들의 자유는 그들이 더 이상 타락하지 않을 때 상승합니다. 우리가 적절한 의무에 따라 행동하거나 어지러움을 겪을 때, 우리의 자유가 순수한지 아니면 혼란스러운지는 이성적 사유에 의존합니다.

신학자 그래서 모든 죄는 오류에서 비롯된다는 이야기군요.

철학자 인정합니다.

신학자 그렇다면 모든 죄는 용서받아야 합니까?

철학자 아니 천부당만부당하지요. 왜냐하면 어두운 방 한가운데로 빛이 매체의 틈에서 새어나오는 것처럼, 우리는 의지하면 죄를 피할 힘이 있기 때문입니

---

105 최선 이외에는 다른 선택이 없을지라, 하나님의 자유는 제한되어 있지 않다. 『스피노자 윤리학 주해』에서 보면, 하나님의 '최상의 선택'은 있지만 '최상들의 선택'이란 복수는 없다.

다.

신학자 그런데 왜 사람은 이성 사용을 원하고, 원치 않은 일이 생길까요?

철학자 이성 사용을 원치 않는 사람은 그것으로부터 어떠한 이익도 챙기지 못한다고 생각하기 때문입니다. 그들은 보지만 보지 않으며, 듣지만 듣지 않습니다. 이는 자기 반성의 부족이거나 주의력의 부재입니다. 그들은 보면서도 보지 않고, 들으면서도 듣지 않으므로 은혜를 거부하는 태도를 취합니다. 특히 성경 말씀대로, 우리 중 많은 사람들이 수천 번 이상 같은 말씀을 듣고도 깨닫지 못한 것과 비슷합니다.

"말해봐, 지금 왜 그렇게 행동하는 거야? 혹은 종말에 대해 생각해보거나, 네가 하는 일에 대해 생각해봐."[106]

---

106 "왜 이러는지 말하라!"는 중세로부터 유래하는 금언이다. 이 금언은 사려 깊게 행동하고, 행동의 결과를 고려하라는 의미를 담고 있다. 이 금언은 구약의 시락의 예수 편 7장 36절 "무릇 행하는 자는 조심스러이 하고, 그리고 끝을 생각하라"는 "네가 행하는 모든 것에서 끝을 생각하라. 그러면 너는 결코 죄를 짓지 않을 것이다[역자 번역]")와 관련을 맺는다. "무엇을 하는지 조심해라", "왜 이러는 지 말해라"의 금언은 스스로를 돌아보라고 요구한다.

그러나 이런 생각 중 하나만 제대로 이해하고, 일정한 법칙과 엄중한 죄와 벌의 표상으로 깜박하는 순간을 염두에 두며 항상 깨어있다면, 그는 순간적인 메타모르포시스[107]로 영리하고 행복해질 수 있을 것입니다.

스텐젠 쓰고 말하기는 쉽습니다. 그러나 어떻게 이것이 체계와 일치할 수 있습니까?

라이프니츠 이것은 비판자가 이 체계를 제대로 이해하지 못했다는 증거입니다.

신학자 결국, 모든 죄악은 자신을 방해없이 쉽게 드러내어 행복으로 가는 길에 정신력을 기울이지 못하고, 궁극적 검열에서 행복에 이르는 직관적 길을 인식하지 못하게 된 것이 아닐까요?

철학자 정말 그렇습니다.

---

[107] 'metamorphosis'는 '메타모르포시스'로 음역한다. 이 용어는 주로 동물의 발생 과정에서 일어나는 형태 변화를 가리킨다. 대표적 예는 양서류의 올빼미가 올빼미 털에서 성장한 후에 변하거나, 애벌레가 번데기로 변하는 과정에 볼 수 있다. 메타모르포시스는 동물의 생명 주기에서 중요한 부분이며 적응과 생존에 기여한다.

신학자   다시 말해, 우리는 그들을 불쌍히 여겨야 한다는 말씀이죠.

철학자   알겠습니다. 부인하지 않겠습니다.

신학자   다시 말해서, 불행은 그들 자신의 악에 책임이 있는 것이 아닌가요?

철학자   무엇보다도, 의지의 최종 결정은 의지하는 자의 외부에 있음을 분명히 알 수 있습니다. 그리고 이 모든 것은 결국 사물의 법칙이나 보편 원리로 이어집니다.

신학자   의지를 의지하는 자는 정신 이상자와 비슷하지 않은가요?

철학자   그렇게 생각할 수도 있지만, 절대로 정답은 아닙니다. 마치 술취한 사람이나 수면에 든 사람처럼, 미친 사람에게 "왜 이런 상태인지?"라고 물어볼 수 없기 때문입니다.

말해라, 왜 이러는 거야?

여기에 모든 사려함이 포함되어 있습니다. 그들은 사유하더라도 결코 기억해내지 못합니다. 바보들, 방랑자, 불량배들은 전체 이성을 사용하지 않습니다.[108] 그들은 행복과는 다른 길에 들어서서 나중에 후회합니다. 정신이 미치거나 신경 질환을 앓는 사람들은 혼란과 불면[109]에서 허무맹랑하게 행동합니다. 바보나 사악한 사람들은 적절한 교육과 훈련을 통해 성장하므로, 작은 이유를 침소봉대하고 일부 사실을 일반화하여 왜곡합니다. 천사들은 의심 없이 우리를 포함한 바보들이 악인으로 여겨진다는 점을 알고 있습니다.

신학자 독일 민담이 전하는 대로[110] 그들은 초승달 이후 넷째날에 태어난 사람, 제대로 교육을 받지 못한 사람, 나쁜 환경과 나쁜 친구에게 유혹당한 사람, 섹스로 인해 손상을 입은 사람, 역경으로 인해 야만인이 된 사람과 유사합니다. 그들은 범죄자로 전락한 사실을 부정할 수 없으므로, 자신의 운명 때문에 삶의 절망적인 순간에 타인을 탓할 이유를

---

108 바보들은 이성을 사용할 수 있는 정신 박약자로 일정한 이념을 허위로 결합한다.

109 비교, 버질(P. Vergilius M., B.C. 70-19), 『아에네이스』 VI, 가사 261. "죽기까지 와야 하였다."

110 독일 민담에서 새달의 특정 날이 일반적으로 불행을 나르는 날이라고 여긴다. 과학적으로는 달의 위상이나 날짜가 개인의 행운이나 불행에 직접적인 영향을 미치는 것은 없다. 불행이나 행운은 사람의 신념, 행동, 상황 등 다양한 요인에 따라 결정되며, 특정 날짜나 달의 위상과 직접적인 연관성은 없다.

찾습니다.

철학자 일반적으로 그렇게 말할 수 있거나 말해야 할 것입니다. 아무 누구도 자기 자신을 의도적으로 나쁘게 되도록 하지 않았습니다. 그렇지 않으면, 그는 이 세상에 태어나기 전에 이미 그 자신이었을 것입니다.

신학자 맞습니다. 지금 우리는 본질적으로 정신의 작품으로 견고한 심장을 필요로 하는 죽음의 중요한 순간까지 왔습니다.[111] 우리는 어려움의 정점에 도달하여 주의력이 느끼기 힘든 상황에 처해 있습니다. 여기까지 행복이 당신을 떠나지 않았다면, 당신은 계속해서 승리할 것입니다. 예를 들어, 저는 굽힐 수 없는 완고함으로 인해 우리 앞에 제기되는 이의를 마주하고 있습니다. 불평과 함께 저주받은 자는 모든 것이 적절한 외모에서 조롱당합니다. 그들은 그런 운명으로 태어나 세상에 던져지 몰락만 할 수 있는 기회에 빠져들었다고 애통해 합니다. 그들은 너무나 빠르게 정신적 악으로 강화되어 자신들을 감싸는 악으로부터 엄습당했습니다. 불행한 운명의 몰락이 선언되었을 때, 그

---

111 버질, 『아에네이스』 XII, 가사 803.

들을 제압하고 구원해줄 것이란 아무 것도 없습니다. 어떤 종류의 구원의 경고가 전해졌더라면, 그들은 주의력, 반성, 지혜로운 영혼을 결핍하였습니다.

너는 왜 이런 상황에 처한 건지 그 원인을 살펴보고 말해라.

최상의 은총의 선물, 오직 그것을 받아들인다면 우리는 깨어날 것입니다. 지금도 세계 어느곳에서는 어떤 사람은 일상적 수면에서 깨어있고, 어떤 사람은 대량 학살의 위기에 휩쓸려 있습니다. 그렇다면 그것이 왜 부당한지 생각해보아야 합니다. 만약 그렇게 많은 생명이 필연적으로 사라져야 했다면, 그리고 세계가 다른 방식으로 있지 않았다면, 세계는 불행한 자들의 제비에 맡겨야 할 것입니다.

철학자 우연히든 운명으로든 보편 조화로든 어떤 방식으로든 일어나는 일은 일어납니다. 다시 말해, 어떤 것은 운명에 맡겨져 있고 어떤 것은 우연히 결정되지만, 모든 것이 우주의 보편 조화에 따라 일어납니다.

신학자 저는 당신의 이야기를 다 들을 때까지 방해하지

않겠습니다. 그러나, 만약 불행을 자초한 자가 그 불행과 전혀 연관이 없는 것처럼 보이고, 아버지가 세상에 악으로 낳은 자녀에게 최악의 교육을 제공하며 자신이 벌을 받을 자리에서 그들을 벌하려고 한다면, 이는 얼마나 비판받을만한 일인지 생각해볼 필요가 있습니다. 저주받은 자들은 사물의 본질을 저주함으로 생겨날 수 없는 사물을 부패시키기 위해 존재합니다. 그들은 자신의 죄악이 너무나 많기 때문에, 하나님께서 다른 사람의 불행에 기쁨을 느끼실 것이고, 이유인즉, 그들이 끌려다니는 이념의 영원하고 불변한 가능성에서 우주의 순서는 마침내 그들의 재앙의 원천으로 돌아갈 것이라고 생각합니다. 우주의 조화는 사물의 존재에서 경계를 그리며 나타납니다. 그 결과, 다른 사람의 행복이 자신들 보다 더 높아질 때, 그들이 겪는 불행은 우주의 상태로부터 다른 사물의 열이 돌출하여 발생하지 않게 [하도록] 계속 노력합니다.

철학자 그 불만은 양자에게 동등하게 부당하고 비극적입니다. 동일한 방식으로, 그 표현에 권리가 부여된 것은 아닙니다. 만약, 하나님께서 제게 힘과 영감을 주신다면, 저는 이 논쟁과 관련하여 확실한 징

조와 명확한 추론으로 증명하겠습니다. 저주받는 자가 저주 받을 줄을 알게 된 것이 저주받을 자가 이미 알았다는 것은 사실이지만, 저주받은 자로부터 고소를 당할 수 있고 저주받지 않을 수 있다는 점을 고려할 때, 그 고소가 얼마나 무의미한지 판단할 수 있습니다. 만약 그 자신 외에는 변하는 것이 아무 것도 없다면, 시간의 흐름 속에서 단지 하늘의 의지에 따라 어떤 부당한 자를 정당한 자로 만드는 것은 불가능합니다. 저는 그럴 수는 없다고 생각합니다. 이것은 시간의 문제가 아니라 시간 안에서 변하는 사물의 문제입니다. 그러므로, 만약 저주받을 자의 모든 고소가 불공평하다는 것을 안다면, 저주받은 자의 고소도 동일하게 불공평하다는 것을 알 수 있습니다. 다시 말해, 저주받은 자를 공시하면, 그 자는 전체적 혐오에 직면하며 그의 눈과 영혼은 허무하고 무의미한 지옥을 마주할 것입니다. 게다가, 마침 그 자가 그의 영원한 글자체를 위해 하나님을 고발하려고 한다면, 그것은 사물의 본질에 대한 고발과는 별개인 저주의 원인에 대한 것입니다.

신학자 글쎄요. 적어도 그는 그렇게 할 수 없을 것입니다. 왜냐하면 누군가는 그가 의지하기만 하면 즉시 자신을 구할 수 있다고 아직도 대답할 수 있기 때문입니다. 저주받지 않게 될 가능성을 갖는다는 것이지요.

> 스텐젠 그러나 이것은 사물의 자체의 열이 정해진 것으로부터 허용되는 것은 아닙니다.
> 라이프니츠 만일 그가 의지하면 그는 할 수 있을 것이라고 말씀드립니다. 그러나 그는 그것을 의지하지 않게 됩니다. 그래서 그것은 제 입장일 뿐만 아니라 일반적 입장입니다. 왜냐하면 하나님께서는 도처에 그가 의지하지 않은 것을 예견하셨기 때문입니다.

철학자 그것이 바로 제가 듣고 싶었던 관점입니다. 예지에 따라, 이 자가 계속해서 저주를 받았다고 가정해 봅시다. 그렇다면 그는 자신의 불만을 표현할 권리를 가질까요? 그는 자신의 불운을 의지하는 대신 타자의 불행을 비난하지나 않을까요?

신학자 당신은 저를 설득한 것 이상으로 저는 감동을 받았습니다.

철학자 당신이 제 주장을 명확히 이해하셨다면, 저는 당신을 설득하려고 하겠습니다.

신학자 저는 이 죄인이 자신의 죄를 자신의 의지에 귀속시킬 것이라고 인정합니다. 그러나 그는 행운이라는 요소, 즉, 하나님 또는 당신이 언급하신 것처럼, 사물의 본질에 자신의 죄를 전가할 수도 있을 것입니다.

철학자 이미 말씀드린 대로, 반대는 모순을 포함한다고 했습니다. 어느 누구도 자유롭게 악을 원하는 것이 아니라면, 사건이 발생하기 전에 이미 악이었을 것입니다. 어떤 행위를 원하는 것은 이미 그 자체로 가능한 것을 원한다는 것입니다. 법칙에 따라 할 수 있는 자는 이미 할 수 있었던 것을 할 수 있었습니다. 이 정당화를 받아들인다면, 형벌은 사물의 본질에서 제거되어야 합니다. 어느 누구도 악하지 않으며 어느 누구도 처벌받아서는 안 됩니다.

신학자 그러면 어떻게 되죠?

철학자 무엇이 문제냐고요? 범죄의 의도와 악의 의지에 대해 처벌을 요구하는 데에는 법적 판단이 엇갈립니다. 그러나 하나님의 정의를 비난하는 자는 죄의 의지보다 더 큰 벌을 죄인에게 요구하려는 경향이 있습니다. 이게 얼마나 어리석은 행동인지요?

신학자   당신은 저주받은 자에게는 어떤 경우에도 핑계거리가 없고, 고소할 이유도 분개할 이유도 없다고 말씀하시는 거군요. 그들은 돌에 대하여 화를 내는 개나, 자신의 불운에 무능한 도박꾼이나, 자기 자신에 대하여 절망한 사람처럼 불평할 이유는 있지만 고소할 이유는 없습니다. 그들은 사물 자신의 본질, 즉, 이념의 본질과 일치하고 사물의 경과에 작용하는 보편 조화에 대해 노여움을 품고 바보 같은 일에 화를 냅니다. 만일 계산 실수로 어느 한가지가 추후 검산에서 결코 일치될 수 없음을 알아채고 자신에서라기보다는 오히려 산수에 대해 분노하고 3 곱하기 3이 9라기 보다는 오히려 10이 아님에 쓸모없이 유감을 나타냅니다. (사물의 조화 또한 그러한 필연적 비율에 의존한다). 그들은 결국 자신에게서 이러한 분노와 두려움을 인정할 수 없어서, 대상 없는 화와 함께 더욱 격렬한 비참함과 저주와 분노로 불행을 가득 채웁니다.

철학자   정말 끝내주는 통찰이시군요! 저주받은 자들은 고통에서 탈출할 수 없으며, 두려움을 넘어선 고통을 경험합니다. 그들은 자신의 불만을 증명할 수 없다는 것이 은총임을 알게 됩니다. 이것이 제가 당신을 설득하고자 했던 결론이었습니다. 하지만,

누구나 모든 영원으로부터 저주받은 적은 없으며, 저주받은 자가 항상 죄 사함을 받는 것은 아닙니다. 그들은 항상 해방될 수 있는데도 불구하고 그것을 원치 않습니다. 그렇기 때문에 그들은 자신들의 양심이 죄에 맞설 것을 강조하고, 사물의 본성을 탓하며 모순적인 주장을 내뱉습니다.

신학자 예, 좋습니다.

철학자 예를 들자면, 저는 당신이 원하는 대로 패러독스를 말하고 있습니다.

신학자 우리끼리 있으니 탁자에 올려놓은 모순의 덮개나 열어보세요.

철학자 만일 당신이 정신을 바짝 차리면, 저는 덮개를 열겠습니다. 아까 우리는 죽을 죄의 본질, 즉 (대죄의 본질과) 저주의 이유에 대한 의견이 일치하였음을 기억하십시오.

신학자 이 자리에서 논점을 반복해 보세요.

철학자 당신은 유다의 저주의 이유를 알기 요청하셨을 때, 당신에게 드린 답변을 벌써 잊으십니까? 계몽적인 말은 대단히 밝게 빛나므로 다시 한 번 새롭게 할 가치가 있습니다. 당신은 저주의 이유가 무엇이냐고 물었습니다. 저는 답변합니다.

죽어가는 자의 상태, 즉, 죽을 때 그에게서 불타오르는 하나님에 대한 미움입니다. 영혼은 요컨대 죽음의 순간으로부터, 그에게 신체가 되돌려지는 한, 사후 영혼은 외부로부터 새로운 인상에 열려져 있지 않으므로, 그의 마지막 생각을 붙잡고 있기 때문입니다. 거기서 그는 변하지 않고, 오히려 죽음의 상태를 고양합니다. 그러나 하나님에 대한, 즉, 가장 행복한 자에 대한 미움으로부터 가장 큰 연민이 나옵니다. 사랑이 의미하는 대로 행복에 기뻐하는 것은 가장 큰 행복에 고통 받는 미움입니다. 가장 큰 연민은 불행이거나 저주입니다. 거기서 어느 누군가 죽을 때 하나님을 미워하는 자는 스스로를 저주합니다.

저는 이 단어의 증명을 위하여 얼마나 많은 논증들이 필요한지는 모르겠습니다. 요컨대 이들은 불행의 크기를 미움의 크기와 비교하고 미움의 크기를 대상의 크기와 비교합니다.

신학자 그러나 당신은 여기서 항상 저주받아야 할 자는 결코 저주받은자는 아니라고 하므로 주장의 범위를 확장하셨습니다.

철학자 저는 어떤 방식으로든 움직이지 않은 것은 항상 그 장소에 머물러 있다는 뜻으로 이해합니다. 어떤 변화도 그대로 있을 수는 없다는 뜻입니다. 그럼에도 그것은 항상 하나의 장소로 지향하는 것 같이 (이들이 원했을 터이라도 그만 둘 수 없는 대로) 그것으로부터 결코 저주되지 않은 자들은 항상 저주받을 자들입니다. 그들은 그들 자신으로부터 스스로 새롭게 저주된다는 것을 의미합니다.

신학자 저는 그것이 증명되기를 바랍니다.

철학자 옳은 말씀입니다. 하나님에 대한 미움으로 인해 스스로를 저주하는 사람은 계속해서 미움에 사로잡혀 자기 자신에 대한 저주를 강화합니다. 마찬가지로 축복받은 자들은 어떻해서든 계속해서 하나님을 향한 전진으로 성장합니다. 그들에게는 보편 조화와 최상의 이유가 허용되었다는 의미입니다. 그들은 복합적인 집중의 기쁨에 대해 무한하고도 다양한 전개를 경험하며 한 순간을 통해 보다 깊은 반성으로 전진합니다. 끊임없는 새로움과 전진이 없이는 사유의 기쁨이 없습니다. 그러나 사물의 본질을 까닭없이 미워하는 자는 악마적 문화에 휘말립니다. 그들은 피조물의 인식의 타락으로 새로운 분노, 미움, 불호감의 대상을 통해 더욱 참담해집니다.

신학자 당신은 가설을 아주 명확하게 설명하십니다. 그러나 저는 두 가지 질문을 드립니다.

철학자 당신에게 좋다면 백 번이라도 좋습니다.

신학자 하나의 질문은 부차적이지만 다른 질문은 근본적입니다. 당신은 행복과 불행 모두가 지속적으로 성장한다고 하십니다. 그러나 신령한 본질의 비전이 어떻게 성장할 수 있는지 알 수 없습니다. 그것이 본질적이라면 정확하고, 정확하면 성장할 수 없기 때문입니다.

철학자 그러나 저는 신적인 본질도 성장이 가능하다고 생각합니다. 정확한 지식은 물질의 참신이 아니라 반성으로도 성장할 수 있습니다. 예를 들어, 9라는 수의 본질을 완전히 이해하기 위해 9의 단위 통일을 안다면, 그 수를 이해할 수 있습니다. 그러나 단지 그들의 속성을 안다고 해도 그들의 반성적 형식은 모를 수 있습니다. 또한, 3 곱하기 3, 4 더하기 5, 6 더하기 3, 7 더하기 2와 같은 다양한 조합을 통해 9라는 수를 알 수 있지만, 수의 본질을 모른다면, 9라는 수의 본질은 생각하지 못한 것입니다. 사고의 형태와 질료가 변하므로, 9라는 수의 속성을 생성하는 더 많은 속성을 고려해야 합니다. 따라서 9를 비교할 수 있는 단위 통일에는 추가할 것이 없습니다. 하나님께서는 모든 것을 그 자체로 포함하시므로, 자신 외에는 비교 대상이 없습니다. 이는 다른 유한한 존재의 관점에서 볼 때, 무한 속성을 갖추신 하나님을 나타내는 일입니다. 원이 있다고 가정해 봅시다. 원의 중심에서 둘레까지 선의 길이가 같다는 사실을 알고 있다면, 원의 본질에 대해 명확하고 충분히 이해했다고 할 수 있습니다. 그러나 원의 모든 속성을 소화하지는 못했습니다. 예를 들어, 원 안에 그릴 수 있는 규칙적 정규 도형은 무수히 많으며, 이것은 새로운 기하학적 정리를 위한 풍요로운 기반입니다. (비록 그들이 표현되지 않았더라도 그들은 모두 원 안에 들어있다는 의미입니다.) 결론적으로, 많은 원들은 연구자에게 다양한 정리의 풍부한 자료를 제공하지 않을래야 않을 수 없습니다.

신학자 저는 당신의 말씀처럼, 정신이 한 장소에서 충만하게 채워진 부동의 시선으로 감성적 기쁨의 한 순간에 행복을 창출하는 것이 환영의 이유가 될 수 있다는 사실에 놀랐습니다. 당신은 전체성에 대한 새로운 경험과 질문으로 저를 인도하셨습니다. 그러나 제가 실제로 궁금한 것은 어디서 이러한 정신적 분열이 오는지, 왜 어떤 사람은 하나님을 향한 사랑에 불타오르고, 어떤 사람은 미움으로 타락하는지입니다. 그들은 어떤 만남에서 이별을 경험하고, 분리의 분명한 중심이자 핵인 동시에 서로를 혼동하기 때문에 종종 분열의 공간을 믿을 수 있었습니다. 이 점에서 행복한 사람은 분열의 핵의 외부적 외양[externa specie]이 매우 유사해 보이기 때문에 한 가지를 종종 다른 것으로 오해할 수 있습니다.

철학자 친구여! 엄청난 주제를 아주 깊이 파고들려고 노력하시는 같습니다. 심지어 철학하는 과정 자체도 이와 다르지 않을 수 있습니다.

신학자 당신은 제가 말씀드린 점을 꽉 붙잡고 계셨군요. 철학은 이성적 노력에서 천명으로 전진하기 위한 관점의 전초 기지를 제공한다고 볼 수 있습니다. 하지만 지금까지 토론에서, 세례를 받지 않은 세속적 사유는 여전히 성스러운 부분은 접하고 계시지 못하고 있는 것으로 보입니다.

철학자 저는 이 주제에 대해 많은 고민을 한 결과[112], 다음

---

112 여기서부터 사본 B는 사본 A의 필기 내용이 똑같다. 세례 수세자는 '철학자 Ephistemon' 세례 증여자는 '신학자 Theophilum'로 바뀐다. 제목은 <Fragmentum colloquii inter Theophilum et Epstemonem De Justitia Dei circa praedestinationem aliisque ad hoc argumentum spectantibus: 하

같은 결론에 이르렀습니다. 세상에는 모든 민족과 마찬가지로, 두 종류의 인간이 존재합니다. 한 종류의 인간은 현재 상태에 만족하며, 다른 종류의 인간은 현재 상태를 미워합니다. 둘 다 만족하는 중립적 인간은 매일 업무를 수행하고 이익을 추구하며 재산, 친구, 권력, 쾌락, 명성을 모으고 증진하기 위해 노력합니다. 그들은 만족 대신 무감각해질 우려가 있습니다. 그러나 그들의 성공이 국가의 법에 의해 방해받더라도 미움을 법에 돌리지 않으며 갑작스럽게 변화하려 하지도 않습니다. 대신 그들은 평온한 마음으로 새로운 계획을 세우고, 손에 넣으려고 했던 것을 잃더라도 당황하지 않고 계속해서 삶을 이어나갑니다.[113] 이러한 마음가짐은 선량한 시민과 부도덕한 시민을 구별하며, 이 구분은 하나님의 보편 국가에서 엄격하게 적용됩니다.

신학자　당신의 말씀은 확실히 지당하십니다. 인간은 그러한 실망에서 최상의 국가가 아니면 보호받을 수

　　나님의 정의에 대해 이 문제의 다른 관점과 앞선 규정과 관련한 신학자와 철학자 사이의 한편의 대화>다.

113 심령의 휴식은 일상 스트레스로부터 벗어나 내면의 안정과 조화를 찾는 과정이다.

없습니다. 법률은 때로는 시민의 성공을 제한하거나 심지어 불행을 가져올 수 있기 때문에, 인간의 꿈을 초월하는 이상 국가에서도 변화를 고민할 필요가 있습니다. 하나님께서 통치하시는 보편 국가는 그렇게 원하는 사람을 제외하고는 불행할 사람이 없습니다.[114]

철학자 맞습니다. 이 세상에서 과거의 잘못에 대한 분노는 결코 정당화되지 않습니다. 평온함을 제외한 과거에 대한 마음의 성향은 어떤 측면에서는 범죄로 간주할 수 있습니다.

스텐젤 그럼에도 어떻게 이것이 체계와 조화롭게 어울릴 수 있는지 궁금합니다.
라이프니츠 이것은 비판이 체계를 이해하지 못한다는 증거입니다.

당신은 무언가를 거부당했을 때 고통받고 싶어 하는 것은 죄라고 주장하시며, 이는 일련의 사건과 우주의 조화에 놓인 사물의 현재 상태와 하나님에

---

114 보편 국가는 아우구스티누스 『신국』과 관련하여 가장 완전한 국가 체계다. 모나드는 불멸이고 독립적 심성을 갖춘 개체로 자유 의지와 지식으로 연결되어 하나님의 계획과 조화를 이룬다.

대한 감추어진 분노라고 설명하십니다.

신학자 무언가가 거부당했을 때 실망과 고통 없이 성공만 찾는 것은 불가능합니다.

철학자 몸 안에 있는 충동[115]은 정신 안에 있는 편향으로 인식할 수 있습니다. 이것은 어떤 것을 획득하려는 충동과 반대를 억누르려는 두 유형의 충동으로 나타납니다. 예를 들어, 마음은 동쪽으로 가고 싶지만 동일한 힘과 시간으로 동시에 서쪽으로 가고 싶다면, 물리적으로 물체는 그 자체로 가만있을 것입니다. 양 방향에서 상반된 충동은 서로가 만나는 중간 지점에서 상쇄되어 작용력을 상실합니다. 첫 번째 정서의 성향은 없어지지 않고 두 번째 정서의 성향은 무력화됩니다. 따라서 그들은 행동력을 잃습니다. 의지가 좌절된 사람은 잠시라도 슬퍼하거나 괴로워하지 않을 수 없지만, 세상의 전반적 방향에 고통을 견딜 수 없게 됩니다. 그렇지 않으면, 그는 모든 것이 전반적이면서도 그를 위해 최선임을 깨닫습니다. 이로 인해 하나님을 사랑하는 자에게는 모든 것이 선입니다. 그는 자

---

[115] 코나투스 개념은 '충동' 또는 '노력'으로 물리적 의미와 정신적 의미가 있다. 물리적으로 아무런 방해가 없을 경우, 스스로 이동하거나 자신을 유지하려는 개체로 작용한다.

신만을 위해 머물 수 없습니다. 하나님을 알게 된 자는 하나님을 사랑하며 그에 따라 행동하고 신뢰하는 자에게 모든 것이 선으로 작용한다는 원리를 배웁니다.

스텐젠 그럼에도 어디에서 그에게 설정된 체계에 따라 이러한 통찰이 오는가요?
라이프니츠 비판은 필히 성급한 가운데 아주 앞질러 나가시는군요.

이 땅의 지배에 불만을 갖는 자는 하나님께서 더 나은 것을 이루게 하실 수 있다는 점을 염두에 두어야 합니다. 그들이 상상하는 세계의 섭동은 하나님을 미워하는 자에게 말미를 주는 증거일 수 있습니다. 이로써 분명히 하나님에 대한 증오가 무신론자에게도 적용될 수 있습니다. 다시 말해, 생각하고 말하는 자는 사물의 본질과 상태가 오직 그들의 마음에만 안일하게 머문다면, 단지 그것으로 인해 하나님을 미워한다고 하지 않는다 하더라도 하나님을 미워할 수 있습니다.

신학자 하지만 우리가 이렇게 철학한다면[116], 현존 세계를 개선하려는 노력이 천명으로 규정된 것은 아니라고 말하고 싶습니다.

철학자 그 반대입니다. 그것은 권리를 지키는 것뿐만 아니라 위에서 비난받는 추론과 타협하지 않기 위해 필연적입니다.

> 스텐젠 사물의 열 때문에 다를 수가 없으면, 여러분은 부패한 추론을 헛되이 비난하십니다.

그러므로 하나님, 즉, 사랑의 하나님은 과거 사건과 현재 상황에 만족하십니다.[117] 우리에게 미래에 관련된 결정이 아직 내려지지 않았으므로 근면, 숙고, 신앙이 우리의 현재 상태에 중요한 역할을 합니다. 하나님을 사랑하는 자는 개인적이거나 공적으로 하나님을 배반하거나 개선하려는 일을 부정적으로 고려하더라도, 짐이 나아지지 않아야 한다

---

116 '이렇게 철학한다면 *Si sic philosophamur*'은 언제 어떻게 철학하는지에 대한 철학함의 관용적 표현이다.

117 하나님의 의지가 최선으로 지탱되는 까닭은 하나님이 원하시는 것은 항상 최선이며 궁극적으로 하나님은 "최상의 원칙"에 따라 모든 것을 선택하시기 때문이다.

는 사실을 분명히 인지하지만, 그래도 내일이면 좋아질 것으로 기대합니다. 그는 실망에도 불구하고 미래를 향한 노력을 계속하며, 그 노력이 지쳐버리거나 좌절되지 않도록 합니다. 우리의 시간은 미리 정해지지 않았으며, 오직 꾸준히 참고 견뎌내는 자만이 승리의 월계를 받을 수 있기 때문입니다. 그러므로 하나님을 사랑하는 자는 과거를 긍정적으로 받아들이고 미래를 최상으로 만드려고 노력합니다.[118] 이러한 조율한 자만이 철학적 균형을 유지하고, 하나님의 신비에 도전하는 신앙인에게 진정한 정신적 안정을 줄 수 있습니다. 누군가 다른 시각을 갖고 믿음, 사랑, 하나님, 이웃에 대한 단어를 사용할 수 있음에도 불구하고, 하나님을 올바르게 이해하지 못하고 사랑하는 자이심을 알지 못할 수 있습니다.[119] 하나님을 알지 못하는 자는 그분을 올바르게 사랑할 수 없지만, 자연과 사물, 세상을

---

118 미래를 형성하고 걱정과 실패 없이 더 나은 전향의 시점을 하나님께 넘겨드리고 스스로를 과거로 뒤돌려 보낸다는 입장은 철학자와 신학자의 대화의 기본 전략이다.

119 사랑을 위하여 하나님을 알아야 한다는 주장 루터(M. Luther, 1483-1546)의 『선지종적 의지, De servo arbitorio』에서 나온 주장이다. 루터는 다음과 같이 말한다. "나는 하나님을 알지 않으면 보지도 못하며 찬양하지도 못하며 그의 은혜를 나누지 못하며 그에게 봉사하지 못합니다."

사랑하는 데에서 하나님을 미워합니다. 만약 누군가가 이들을 다르게 원한다면, 사실상 자신에게서 하나님을 다르게 원하는 것입니다.

자기 자신에 대해 불만을 품은 사람은 죽음에 이를 때 하나님을 미워하는 자로서 죽음을 맞이합니다. 그는 이미 가파른 선로에 들어선 열차처럼, 그를 붙잡아 매는 외부 요소 없이 자신의 길을 계속 갑니다.[120] 그는 감각 경로가 닫힌 후에 미움과 불행, 혐오, 분노, 질투, 그리고 불만으로 가득 찬 은둔의 내면으로 돌아갑니다. 그가 다시 육체와 연합하여 감각으로 돌아오면, 그는 항상 업신여김과 새로운 혐오의 소재를 마주합니다. 마음이 원하는 결과에서 실패의 파도가 계속 나타나고 감정이 억제되지 않으면 그는 점점 더 고통을 겪습니다. 그러나 고통은 특정 방식으로 욕망을 초월하며, 불행한 사람은 나름대로 자신을 괴롭히는 것이 무엇인지를 발견하고 기뻐합니다. 예를 들어, 불행한 자는 인간적으로 행복한 사람을 적대적 시선으로 바라보며, 그들이 믿는 대로, 부적합한 자들이 광대하게 펼쳐

---

120 영혼이 신체로부터 분리된다 할지라도 하나님으로부터 나쁜 영향을 받는 한, 영혼은 가사적인 죄의 상태에 처한다. 영혼은 자신의 유혹에 의해 출발의 계곡으로 돌아오지 않고 하나님을 변절하므로 자신을 저주한다.

진 세계에서 자신들의 이익을 챙겨갔다고 봅니다. 그들은 조화나 명백한 근거에 대해 고통으로 격분합니다. 이러한 음산한 만족에는 욕망이 고통과 혼합되는 놀라운 이유가 있습니다. 다시 말해, 그들이 신체적 관점에서 기쁨을 느끼는 것처럼, 그들은 자신에게 견딜 수 있는 능력이 결여되어 있거나, 다른 사람의 비판이 비권위적이라 생각하기 때문에 괴로움을 겪습니다.

신학자 불사의 하나님! 당신은 어떻게 파라독사를 앤독사[121]로 바꿨을까요. 저는 성스러운 교부들이 이런 종류의 설명을 싫어하지 않았다는 점을 인정합니다. 그리고 경건한 고대는 간단하지만 현명한 우화를 통해 거의 이런 방식으로 저주받은 자의 성격을 복잡하게 꾸몄습니다. 단순하지만 매우 현명한 한 우화를 소개할까 합니다. 옛날 옛적에 깊은 사색

---

121 '파라독사 paradoxa'와 '에우독사 eudoxa'는 각각 '모순'과 '금언'에 댓구다. '파라독사'는 모순이며, '에우독사'는 금언 또는 진리다. '엔독사'는 『토피카』 I, 1, 100a30, 100b21에 있다. 아리스토텔레스 『수사학』 12, 1430b은 '파라독사'와 '엔독사'를 대립으로 사용한다. 17세기 미크렐리우스 사전에서 "엔독사는 신빙성 있는 문제가 믿을만하게 증명되는 논의"다. 비관적 세계관에서 낙관적 세계관으로 가는 여정은 '파라독사'에서 '엔독사'로 가는 이행이다.

에 심취한 수도자[122]가 있었습니다. 누군지는 잘 모르겠습니다. 이 수도자는 어느날 심원한 명상 가운데 귀가 멍하니 되며 열광된 가운데 뒤늦게나마 고통을 느끼기 시작했습니다. 세상에는 너무나 많은 피조물이 저주받아 몰락하는 것을 보았기 때문입니다. 그래서 그는 기도로서 하나님께 나아가서 자신의 갈망이 진실함을 말하면 설명하였습니다.

"오, 아버지! 이렇게 많은 자녀들이 멸망하는 것을 어떻게 바라 볼 수만 있나이까? 아, 수많은 영혼들을 막사로 끌고가는 저 불쌍한 악마들을 다시 은혜로 받아 주십시오."

그 얼굴로 하늘과 폭풍을 잠잠케 하시는 전능하신 하나님께서 그에게 이렇게 외치십니다.

---

122 '수도사'는 『변신론』에서 다시 '은둔자' 혹은 '중재자'로 등장한다. "고대인에게 이미 알려졌던 대로, 악마는 모든 자신의 고통에 대한 자유 의지에서 하나님으로부터 멀리 떨어져 있다. 그리고 속박을 통하여 자유로워지려 하지 않는다. 그들은, 악마가 하나님으로부터 약속을 얻어내는 곳에서, 악한 천사들의 제후를 은총으로 거두어주기 위하여, 은둔자에게서 하나의 비전을 체험하게 하였다. 악마와 저주된 자들은 이 중재자를 특별한 방식으로 기각하였다."

"아들아, 나는 네 마음의 단순함을 보고 네 감정의 충만함을 용서하노라.[123] 그리고 참으로 나에게는 지체함이 없다. 용서를 구하는 사람들이 있게 하여라."

사랑스러운 은둔자가 말합니다.

"오 모든 자비의 아버지! 오 무한한 은총의 원천이시여! 당신을 찬미합니다. 그리고 이제 당신의 용서를 빌어 나 자신과 아직 이 날의 행복을 알지 못하는 타인을 위해 평화의 기도를 드릴 수 있게 하옵소서."

그는 흔치 않은 마왕에게 달려들어 즉시 공격하면서 말했다.[124]

---

123 'ignoscere'는 용서하다는 의미로 여기서는 이해하다는 뜻이다.

124 참고, 보라지네(Jacobus de Voragine), 『황금전설, Legenda aurea』, hrsg. von Th. Graesse, Voratislaviae, 1890, 100-2면, cap. XVIII De sancta Macario. 성 마카리오스(St. Macarius, 300-390)는 이집트 기독교 성인으로 빈번히 사막에서 악마와의 교제에 대한 이야기로 알려져 있다. 보라지네의 『황금전설』에 따르면, 그는 신체적인 유혹과 교제에 직면했을

"오 행복한 자여! 오늘은 세상이 시작될 때부터 너에게 거의 닫혔던 구원의 길이 열려서 다행이다!"

이제 그리고 수세기 동안 반역자들을[125] 위한 가난한 은둔자의 기도소리가 들리자, 하나님의 잔인함에 대해 불평이 터져나왔습니다.[126] 그는 분개하고 위협하는 같았습니다

"그리고 누가 당신을 우리의 수호자로 만들었습니까? 누가 당신에게 그런 어리석은 친절을 납득시켰습니까? 바보여, 우리는 중보자로서 당신도 필요하지 않으며 용서자로서 하나님도 필요하지 않다는 것을 알아채십시오."[127]

수도자 오, 고집불통! 오, 어리석은 자여! 제발 그만하시고 얌전히 행동하시기를 청합니다.

때, 하나님의 은총과 견고한 믿음으로 이를 이겨냈다.

125 반역자는 죽을 죄를 저지른 유다이다.

126 참고, 보시에(Ph. Bosquier), *Antiquitates Franciscanae*, 1623.

127 그리스도와 사탄과의 계약이 이루어졌다. 참고, 보시에, *Antiquitates Franciscanae*, edit. Colon 1625.

바알세불 설교하시려나!

수도자 그러나 최고가 되고 싶어하는 자의 말을 듣는데 시간을 쓰는 것은 대단하지 않나요?

바알세불 그래서 뭘 원하시우?

수도자 내가 당신의 구원을 위해 하나님과 거래한줄 알고 계세요?

바알세불 네가 하나님과?? 오, 천하에 수치로운 일, 세상에 수치로운 일, 우주에 분노가 치미는 일이로다! 만물을 다스리시는 분이신데, 왜 귀찮게 문제를 자초해서, 이 지구의 벌레들의 권위 앞에서 자신을 비하하며 천사들 앞에서 떨며 다른 사람들 앞에 서려 하시는가? 노여움과 분노가 폭발할 지경이로구나.

수도자 아이구, 화해의 경계에서 저주는 아껴주세요.

바알세불 나는 나 이외의 다른 '나'로다.

수도자 하나님께서는 마음 속으로 아들의 귀환을 기다리시고, 아버지의 사랑을 깨닫게 되면[128] 당신은 그 분께로 돌아오시게 될 것입니다.

바알세불 우리를 이렇게 많은 불공평함으로 화나게 만든 자가 화해를 원하는 것이 가능한가? 회개하라!

---

128 참조, 「누가복음」 16장 11-32.

누가 우리에게 그렇게 많은 상처를 입혔는가? 전지하신 분의 오류를 인정하고, 전능하다고 여겨지기를 원하는 그 자신에게 복종하는 것? 하, 이봐요. 당신! 이 평화의 대가로 얼마를 원하시나?

수도자 그것은 분노를 가라앉히고 미움을 마음에 묻어버리고, 과거의 기억을 스스로 깊이로 침잠하게 하는 간구일 것입니다.

바알세불 이런 조건이면 나는 우정을 맺을 준비를 포기하겠다.

수도자 진심이세요?

바알세불 의심하지 말아라.

수도자 놀리지 마세요.

바알세불 그렇다. 그러니 거래를 성사시켜라!

수도자 오, 난 너무나 행복합니다! 정말로 아름다운 날입니다. 오, 자유를 맛보는 여러분! 여러분은 하나님을 찬양하셨습니다!

하나님 왜 이렇게 춤을 추는가?

수도자 거래가 다 끝났습니다! 오 아버지! 이제 우리 하나님 나라와 권세와 구원과 권능과 존귀와 영광을 위해 기도합니다! 우리를 망하게 하려고 날마다 욕되고 비방하는 마귀가 교화되었기 때문입니다.[129] 이제 구원과 권능, 영예와 영광이 우리의 하나님과 그의 그리스도에게 임하시기를 기도드립니다.

하나님 무엇? 그대는 죄 사함의 조건을 추가했나요?
수도자 그는 동의했습니다.
하나님 속지 않도록 주의하시오.
수도자 계약서를 가져가겠습니다.
하나님 잠깐, 가기 전에 간청의 문구를 적으시오.
수도자 알겠습니다. 기록하겠습니다.
하나님 그러므로 나는 나의 보좌 앞에서 이 말로 은혜를 받기를 원하는 모든 사람에게 유익이 있음을 알리노라.

저는 저의 입술로 고백하고 저의 심장으로 인정합니다. 저의 악한 행동이 저의 불행의 원인이었으며, 말로 다 표현할 수 없는 당신의 자비가 없었다면, 저의 우둔함으로 인해 영원한 절망에 빠졌을 것입니다. 지금은 주님 안에서 평화를 찾아 밝고 빛과 어둠의 차이를 이해한 후에는 더 이상 추악한 사물의 본성에 빠지지 않고 모든 외적인 것을 참으

---

129 참조, 「요한계시록」 12장 10절.

며 살아갈 것입니다.

수도자 적었으니 가보겠습니다. 아니, 날아가겠습니다.
바알세불 아니, 날개가 있단 말인가?
수도자 사랑이 저를 민첩하게 만들었습니다. 보십시오, 이것이 대원의 계약입니다.
바알세불 읽어보겠다. 만족스럽다. 그러나 언제 그 조건이 끝나는지 궁금하군.
수도자 당신이 원할 때 마다입니다.
바알세불 마치 내가 지연하는 것처럼 그러는데 급한 자가 우물을 파야지.
수도자 그렇다면 하나님 보좌앞으로 나갑시다.
바알세불 무엇이? 당신이나 건강하세요. 내가 그에게 가야 하나, 그가 나에게 와야 하나?
수도자 그 문제로 도박을 걸지마세요.
바알세불 급한 자가 불을 꺼야지.
수도자 그럼 가시죠.
바알세불 당신은 견과류라고 하셨나요?
수도자 사과하실 생각은 없나요?
바알세불 약속 이외에 무엇을 추가로 원하시나?
수도자 또 꿈꾸시나요?

바알세불 내가 상처받는다고? 그 폭군[130]의 발 아래서 내가
 나를 비하해야 하나? 오, 전쟁의 중재자여, 얼마
 나 아름다우신가? 인간의 역병이여, 배신의 범
 례여!

수도자 아, 이거 뭘 도와드려야죠?

바알세불 분노와 고통이 내몰리며, 마치 독이 내 팔다리
 전체에 스며들듯이 내 안을 가득 채우도다. 분
 노는 내 정맥을 타고 격노로 변모하며, 범죄는
 범죄의 뿌리에 쌓여가도다. 이로 인해 나는 속
 죄를 경험하노라. 분노에 가득 찬 희생은 오직
 적의 희생적인 살육뿐이로다. 나는 내 자신을
 산 채로 갈기갈기 찢고, 바람에 흩어지게 하며,
 그로 인해 나의 고통을 진심으로 체감하게 하고
 자 하노라. 심지어 나팔 소리가 부활을 선포할
 때에도, 그의 육체를 베어내는 일에 기쁨을 느
 끼는도다.[131]

---

130 유다 또한 하나님을 폭군으로 생각한다. 본문은 하나님의 자유
 는 지혜에 그의 의지는 이성에 연결되었기 때문에 결코 전제적
 이 아니라고 강조한다.

131 버질, 『아에네이스』 6권 118과 126은 '아베르누스'가 관련이 되
 어있고, 494는 그의 육체가 갈기갈기 찢어져 불구가 된 '데이포보
 스'를 묘사한다.

수도자 하나님, 절 구해주세요![132]

바알세불 아베르누스의 창백한 협곡, 테나름[133]에 있는 그의 대양![134]

수도자 그는 사라졌다. 나는 다시 숨을 쉴 수 있습니다. 그가 사라진 것으로 보아, 그는 어디론가 떠났을 입니다. 그러나 당신은 그의 떠남으로 인해 다시 안도의 숨을 쉴 수 있습니다. 그는 마지막으로 남긴 말을 통해 그의 존재를 증명했습니다. 당신은 그를 절망적인 악마로 비난하며, 그의 저주가 사라지고 그들만이 광기에 시달리기를 빕니다. 그러나 당신의 하나님은 자비와 공의를 빛으로 나타내십니다. 당신을 불공평하고 무능한 자로 비난하려

---

132 'Deus in adjutorium meum intende'는 '하나님은 도움 가운데 나를 이끌어주소서'라는 문구로, 수도원의 저녁 기도문 중 하나인「베스퍼, Vesper」에서 사용한다. 이 기도문은 수도원의 저녁 예배에서 하나님의 도움과 인도를 간구한다.

133 바알세불이 사라진 곳은 고대에 하계의 입구로 여겨진 곳으로 오늘날 각각 그리스와 이탈리아에 있다. 본문은 세네카, 『페드라』 1201-1203 운문의 변형에서 취하였다. "아베르니우스의 창백한 협곡, 테나리움의 가련한 모습, 레떼 강의 연민으로 은총의 물결, 무표정한 대양은 하나님 없이 은둔하고, 지속적인 악에 물들어 가라앉았다: Pallidi fauces Averni vosque, Taenarei specus, unda miseris grata Lethes vosque, torpentes lacus, impium abdite atque mersum premite perpeuis malis."

134 세네카,『페드라』 1201-1203.

는 모든 의심의 그림자를 제거하셨습니다. 그러므로 당신은 하나님께 찬양과 영광을 돌려드릴 수 있습니다. 이제 당신의 영혼은 조용하며, 끊임없이 지칠 줄 모르는 장려와 기쁨의 빛으로 안식하십니다.

신학자 이 사람은 우리의 수도자이고 저도 그와 뜻을 같이하였습니다.

철학자 당신이 제시한 이야기는 우리의 대화를 막간을 이용하여 단막극으로 바꾸거나 에필로그로 봉할 때나 하는 것입니다. 제가 착각하지 않는다면, 이 토론을 전적으로 종결하겠습니다.

신학자 죄송합니다. 아직도 찾는 중입니다. 한 가지만 더 질문하겠습니다. 저는 저주받은 자들이 하나님이나 세계에 대해 불평하거나 그런 의도를 가지고 있지 않다는 점을 인정합니다. 하지만 여기에 반하는 사실이 하나 있군요. 하나님께서는 우리가 이해할 수 없는 심판으로 놀라는 우리에게도 은혜를 베푸시는 것이 분명합니다.[135] 왜냐하면 저는 제가 수행할 사업 계획을 마치 멀리서 미리 내다

---

135 하나님도 그 자신에게서 자기 자신의 의지의 행위를 정당화해야 한다. 하나님은 의지와 지성의 '두 원칙'을 가졌으므로 자신의 의지의 행위를 본래의 지성으로 감당해야 한다.

보는 것처럼 보이게 하지만, 내가 그것을 보라보는 것보다, 누군가가 나에게 그것을 기억하는 것을 더 좋아하기 때문입니다.

철학자 그렇다면, 무엇이 불평할 일로 남았는지 궁금해 하시는군요. 사물의 연쇄가 그렇게 되어있다면, 하나님께서도 축복받은 영혼조차도 존재할 수 없다는 말씀이신 것 같습니다.

신학자 인정합니다. 아무도 불평할 수 없지만, 많은 사람은 두 가지 일에 대해 궁금해 할 것입니다. 첫째, 왜, 이 세계의 질서는 저주 없이는 구성될 수 없는가? 둘째, 왜, 이 사물의 사정은, 저 영혼이기 보다 오히려 이 영혼에서, 저 질량이기 보다 오히려 저 질량에서, 스스로의 육체를 불행하게 하고, 게다가 불행하기를 선택하였는가 하는 점입니다.

철학자 첫째 질문은 가장 쉽고 동시에 가장 어려운 것이지요. 하나님께서 그것이 저에게 최상이었고 보편 조화와 일치하도록 하셨다는 점에 권리를 부여하셨다면, 당신은 쉽게 안도하실 수 있을 것입니다. 학문적으로 말해서, 그것이 사실로 발생하였기 때문에, 그 자체로부터 아포스테리오리하게 가리켜질 수 있다는 말입니다. 어떤 것이 존재한다는 것은, 요컨대, 그것이 최선이거나 조화이므로

> 스텐젠 그럼에도 어디서 사물의 조화가 오는가요? 이 조화가 상이한 사물의 질서를 주는 그 자체의 정신으로부터 오지 않은가요? 그리고 왜 인간은 모든 가장 완전한 지식에 대한 논증으로서 일치와 비일치의 예견을 타당하게 여기지 말아야 합니까?
>
> 라이프니츠 여전히 이해하지 못하시군요. 사물의 조화는 이상적인 어떤 것이거나 혹은 이 조화는 이미 가능한 것들 안에서 통찰됩니다. 이유는 가능한 것의 한 열은 다른 하나의 열보다 더 조화로운 것이기 때문입니다.

흔들림 없이 증명된다는 것을 말합니다. 왜냐하면 그것은 사물의 으뜸이고 정신 통일의 원인이기 때문입니다. 정신의 원인 혹은 사물의 목적은 조화가 있는 곳에 정신의 최고 완전함이 있습니다. 그러나 만일 당신이 이 증명에 불만이면서 이 놀라운 조화 자체를 명백하게 열린 방식으로 실현하기 위해 이성이 놓였다는 점을 아프리오리하게 증명하기를 원하신다면, 당신은 하나님의 현시의 비밀에 허락되어 있지 않은 인간에게 불가능한 것을 요구하시는 겁니다.

신학자 당신이 논박할 수 없이 선명하게 입증하신 대로, 세계가 존재한다는 점을 확신할 수 있습니다. 만약 우리가 사물의 전체를 보는 시각을 가졌다면, 모든 것이 최선의 형태로 존재한다는 사실을 인지할 수 있을 것입니다. 만약 모두가 이것을 믿었다면, 죄는 덜 발생했을 것이며, 모든 사람이 항상 기억하고 생각했다면 죄는 존재하지 않았을 것입니다.

> 스텐젠 요컨대 우리는 하나의 열을 가지게 될 터입니다. 저자 자신을 두고 말하자면, 그가 하나의 다른 열을 희망하는 한, 그는 하나의 유일한 열과 만족하지 않습니다.
>
> 라이프니츠 웃기는 이의군요. 하나님께서 거기에 대하여 무엇을 규정하였던지 우리가 모르기 때문에 우리는 미래 적인 것을 희망합니다. 그러므로 다른 열을 희망하지 않습니다.

누구나 창조자를 사랑하게 될 것입니다. 무신론자는 함구하게 되며, 전체 곡조의 작은 박자를 듣기 힘들어하며 사물의 무한성[136] 속에서 전체 멜로디

---

[136] 사물의 무한함은 실제로 주어진 크기는 아니며 '무한성'은 완전한 의

에 대한 무지한 예측에 성급하게 달려가는 검열자의 어리석은 예측은 침묵으로 덮힐 것입니다. 제가 말씀드린 것처럼, 세계의 원환 운동 속에서 (왜냐하면 지속은 무한으로 나누어질 수 있기 때문에) 완전한 노래를 정신적으로 포착하는 것은 여전히 순화되지 않은 가사자에게는 불가능할 것입니다. 그들은 개별적으로 산재한 분리된 불협화음이 우주의 조화를 절묘하게 필요한 공명으로 만들어주는 사실을 이해하지 못합니다. 두 홀수를 더하면 짝수가 되는 것처럼, 어떤 것은 통합을 통해 조화의 본질로 이어집니다. 예기치 않은 놀라운 다양성은 공평함으로 다가옵니다. 이것을 연습하는 예술가는 작곡가만이 아닙니다. 우리가 소설이라고 부르는 이야기의 저자도 마찬가지입니다. 그럼에도 불구하고, 두 번째 질문은 여전히 남아있군요. 영혼은 (태어나기 전에) 그 자체로는 매우 유사하여, 학문적으로 말하자면, 숫자나 등급으로만 구별되며, 외부 인상에 의해서만 상이하게 분간될 수 있다면, 초기 선택은 어떻게 발생할까요? 모든 영혼이 동일하다면, 왜 한 영혼은 의지에 유혹당하는 상황에 놓여 부패의 위험에 노출되며, 다른 영혼은

미에서 무한하지 않다.

그렇지 않은 것일까요? 더 일반적이면서도 동등한 영혼이 (동일한 출처에서) 왜 이 시간과 장소에서 형성되며, 다른 시간과 장소에 배치되는 이유는 무엇일까요?

철학자 당신은 문제의 본질을 해명하기보다 혼란스러운 질문으로 주제를 어렵게 만드는 것으로 보입니다. 여기서 적용되는 개별화 원칙[137]에 대한 연구는 아주 복잡하게 진행된다는 점을 강조드리고 싶습니다. 즉, 수에 따라서만 상이한 사물의 구별[138]에 의하여, 만약 두 개의 달걀이 매우 유사하다면, (가장 큰 유사성의 가정 하에서), 천사도 그들의 차이를 대상화할 수 없을 것이며, 누군가 이것을 부인하였음에도, 그들 스스로 구별됩니다. 그들은 수를 통해 하나이거나 다른 하나이기 때문에 한 개는 여기에, 다른 한 개는 저기에 위치하며, 헥사이

---

[137] 존재자의 형식은 질료에 따라 다르지만 종에서는 같다는 개별화 원칙은 아리스토텔레스의 입장이며, 중세에 토마스 아퀴나스와 둔스 스콧투스가 논구하였다. 본문은 '개별화를 그 자체로 종으로부터 분화된 것'으로 간주한다.

[138] 개별화 원칙에 따르면, 두 개의 전적으로 동일한 두 개별 사물이 있을 수는 없고 단지 수에 따라서만 다르다. 이런 보기로 계란, 잎사귀, 물방울 등이 있다. 식별할 수 없는 개별 사물들이 동일할 터이라면, 클라크에게 보낸 5번째 서한에서 강조하듯, 이들 존재는 근거의 명제를 거스른다.

타스[139]를 통해 최소한 그들의 차이를 드러냅니다.
우리가 "센다"거나 "이것"이라고 말할 때 (센다는
것은 오직 이것<hoc>을 반복하는 것이다), 그것
이 우리에게 무엇을 의미하는지에 대해 생각해야
합니다. 무엇이 경계를 지워주는 것이며 "시간"과
"장소"는 무엇을 의미하는지, 운동이나 지각을 제
외하면 그것은 어떤 의미를 갖는지, 우리 손이나
손가락의 일부로 경계를 정의하고 사물의 운동을
가리킨다는 것이 무엇을 의미하는지 이해하셔야
합니다.

개별화 원칙이 사물 자체 외에 존재한다는 것은 흥
미로운 주장입니다.[140] 제가 이해한 바에 따르면,
당신은 천사나 하나님 같은 존재에 대해서도 (가장
큰 유사성의 가정 하에) 이미 계란 사이에 A 장소
와 B 장소의 차이를 정확히 확정하는 것이 불가능
하다고 주장하십니다. 당신은 어떤 명칭이 (즉, 지
속적 경계) 정해진 곳에서 계란을 조용히 가만히

---

139 '헥세이타스 Haecceitas' 개념은 스콧투스에서 온다. 스콧투스은 '형식'에서 '무엇임 quidditas', '이것임'을 찾았고 18세기 초 볼프는 '헥세이타스'를 독일어로 '이것임 Disheit'으로 번역했다.

140 시간과 공간은 외적 사물의 관계이며 동일한 두 종류의 사물은 같은 시간과 장소에 있을 수 없다. 이들의 내적인 근거를 제공하는 원칙은 지각 perzeption과 통각 appetition이다.

놔둔 상태에서도, 그들이 움직일 때 장소와 용기를 깨지 않고 일정한 표지를 통해 구획된 부분이 항상 동일한 상태를 유지하도록 보존해야 한다고 제안하십니다. 그러나 만약 당신이 그들에게 자유를 허용하신다면, 개별 사물이 시간 동안 여러 곳에서 발생할 수 있는 가능성에 따라 움직이고 생기는 것을 추적하는 노력이 필요하다고 하셨습니다.

신학자 저의 질문이 혼란스러웠다면 죄송합니다. 저는 당신이 개별화 원칙을 언급하셨을 때 그것이 무엇을 의미하는지 이해하려고 노력했습니다. 그러나 현재 상황에서 영혼과 관련하여 결론을 이끌어내는 것은 어려운 일이라는 점을 알았습니다. 영혼의 본성과 개별화의 관계는 철학적 문제이며, 다양한 관점과 견해가 있을 수 있습니다. 저는 당신의 설명을 통해 당신이 의미하고자 하는 바가 무엇인지 명확히 이해하지 못했습니다.

철학자 저의 이해를 바탕으로 다시 한 번 답변드리겠습니다. 당신의 말씀처럼, 영혼이나 정신은 개별화 과정을 통해 개인적 특징과 차이를 드러냅니다. 개별화가 이루어지는 시간과 장소, 그리고 개인의 상황과 경험은 영혼이 그 자신의 존재 이유와 특징을 형성하는 역할에서 옵니다. 당신이 말씀하신 "이 영혼이 왜 그 영혼인지"를 묻는 것은(그 영혼의 삶과 죽음을 결정하는 구원과 저주를 포함하여), 개별화된 영혼이 자신의 고유한 존재와 특성을 갖는 이유를 탐문하는 것이라 할 수 있습니다. 모든 영혼이 처음부터 동일하다면 한 영혼을 다른 영혼으로 대체하는 것은 아무런 차이가 없습니다. 시간과 장소 안에서 이 영혼이 존재하기 시작하였을 때, 동일한 것이 존재하기 시작하였던 그 육체 안에서, 다른 하나의 영혼이 형성되었다고 해봅시다. 당신이 하나의 다른 영혼이라고 부른 저 영혼은 다른 영혼이 아니라 바로 이 영혼입니다. 이에 대한 정확한 답변은 철학적이며, 다양한 학파의 견해가 존재합니다. 이 문제는 인간의 본성과 의식에 관한 복잡한 질문으로, 종교, 철학, 심리학 등 다양한 분야에서 다양한 답변과 이론을 제시합니다. 저는 여기서 정확한 답변보다는 당신의 깊은 자기 탐구와 발견에 도움을 드리고자 노력합니다.

스텐젠 이것을 말합니다. 그러나 이것으로 무엇이 증명되나요? 왜 하나의 영혼은 시간과 공간의 동일한 상황에서 다르게 처신할 수밖에 없는 것일까요? 그러나 여기서 본래의 입장을 따르면, 모

> 든 영혼이 동일한 상황에서 그처럼 행위하였을 터이라면 영혼은 그들의 저주에 대해 죄가 없다는 것이지요. 이 점은 제가 영혼에서 그들의 상이함에 대한 근거를 발견하지 못하기 때문에 타당하지 않습니다. 그러므로 현실에는 차이가 존립하지 않으므로 다른 영혼은 없고 오직 동일한 영혼만 있습니다.
>
> 라이프니츠 이것은 쉽게 답변할 수 있습니다. 여전히 각인 되지 않은 동일한 영혼이 전적으로 동일한 장소로 옮겨질 것이면 똑같이 행위할 것입니다. 왜냐하면 현실에는 차이가 존립하지 않으므로 다른 영혼이란 없고 오직 동일한 영혼만 있기 때문입니다.

만약 어떤 사람이 여왕으로부터 태어나지 않았다고 한다면, 동시에 그의 어머니가 왕으로부터 아이를 낳지 않았다 칩시다. 그 사람은 자신이 다른 사람이 아니라고 화내며 불만을 표합니다. 하지만 그들의 영혼이 태어나기 전에 바뀌었다 하더라도 모든 것은 여전히 같았을 것입니다. 농부의 아들은 여전히 농부의 아들로서 자신을 꿈꿀 수 없었을 것입니다.[141] 예전에 아담과 이브가 타락한 후에 하나님께서 그들을 세상에서 더 나은 사람으로 바꾸지 않으셨는지 분개하는 사람들이 내기했습니다. 그들은 만약 하나님께서 그렇게 하셨다면, 원죄로 인해 그들의 모든 자녀가 더럽혀지지 않았을 것이라고 생각했습니다. 만약 하나님께서 이렇게 행동하셨다면, 죄의 파기를 통해 전적으로 다른 인간과 결합한 관계에서 인류 역사를 바꿔야만 하셨을 것입니다. 그리고 죄를 파기하거나 제거하셨다면, 우리는 이 세상에 존재하지도 않았을 것입니다. 그러므로 우리는 오히려 그들의 존재가 하나님의 관용으로 용납된다는 사실에 감사해야 합니다. 그렇기 때문에 그들은 아담과 이브가 죄를 범했다는 것에 대해 분개할 이유가 없으며, 게다가 하나님이 죄를 발생시켰다는 것에 대해서도 분개할 이유가 없습니다. 마찬가지로, 당신은 인간이 자신들의 가치에

---

141 만약 한 왕자가 거지로 태어나 농부의 아들이라는 사실을 모를 경우, 그는 농부의 아들로서의 존재를 알지 못하고 그에 대한 인식이 부족할 것이고, 아마도 농부의 자식이라는 사실에 대해서 상상은 할 수 있을 것이다. 마찬가지로, 이성적인 능력을 가진 영혼은 자기 자신을 알고 이해할 수 있는 능력이 있는데, 이것은 교환할 수 없는 '나'를 가리킬 수 있는 힘이다. 만약 그가 과거를 잊을 수 있다면, 그는 갑자기 중국의 황제가 될 수 있는 단순한 사유 실험을 할 수 있다. 그의 존재는 의식에 의해 정립되고 무너질 수 있다.

관해 괴로워하고 있다는 점을 보고계십니다. 예를 들어, 어떤 귀족 가문에서 태어난 자가 아버지가 동등하지 않은 계급의 여자와 결혼했고, (비록 유사하고 더 어리석은 충동으로부터 멈출 수 없었다 하더라도) 만약 아버지가 다른 여자와 결혼했다면 그 자는 자신이 아닌 다른 인간으로 이 세상에 존재하게 되었을 것으로 생각하고 고민한다는 것입니다.

신학자 저는 더 이상 어떤 의문을 제기하거나 비판을 주장하지 않겠습니다.

저는 전체적으로 당신의 논증의 명확성에 대해 놀라움을 느꼈습니다. 우리가 비밀리 이해하고 대화를 나누고 있다고 생각하는 사람들을 두려워하지 않겠습니다. 저는 더 많은 사람들에게 토론의 기회를 드리고자 합니다.

철학자 그러므로, 신중하고 지적이며 주의 깊게 접근한다면, 다른 사람들이 우리의 주장을 왜곡하여 판단하지 않도록 해야 합니다. 우리는 새로운 정의를 도입하지 않고 기존의 정의를 사용하여, 다른 사람들에게도 똑같은 결론을 내리도록 해야 합니다. 그들은 꿈속에서 다른 생각을 하지 않았던 것을 전제로 저자에게 비난을 던지는 잘못된 요구를 하지 말아야 합니다. 또한 그들은 신랄한 비난과 정신적인 혼란의 표시를 경계하고, 계몽해야 할 사고력과 영적인 광명을 얻기 위한 성급함에 불타오르지 말아야 합니다.[142] 그들은 진심으로 인간을 교육하고 하나님의 영광을 수호하는 데 관심을 가져야 합니다.

신학자 그러므로 실수가 있더라도 그들을 비난하고 질투하며 이단으로 몰아서는 안 됩니다. 또한 이렇게 말하는 사람은, 이렇게 말하고 이렇게 죽고 교회의 공동 어머니의 아들로서 저주를 받아야 합니다. 또는 동등한 형제로 여기지 못한다는 것은 고려되어서는 안되며 증명할 수 없습니다.

철학자 저는 그 희망에 힘입어 확신으로 우주적 존재, 보편 교회, 기독교 국가[143], 고대의 밝은 교양의 일치, 우리 시대의 공인된 견해에 기반하여 이성적 사유 체계에 제 자신을 맡깁니다. 저에 대한 사람들의 비난을 방해할 수는 없지만, 편견과 선입견을 갖지 말고 접근해주시기 바랍니다. 누군가가 제 주장을 주의깊고 신중하게 고려한다면, 제 결론

---

142 신앙 고백 형식의 전하고 있는 이 부분 이후의 구절을 두 사본 모두 X로 그었다.

143 '카톨리코 catholico'에서 보편적인 것이라는 의미가 파생된다.

이 보편적으로 참으로 인정되어야 한다는 점을 확신하실 것입니다. 그러나 저는 이 논쟁에서 언어적 속임수보다는 학문적 품위를 중요시하며, 혼란스럽게 하는 표현을 피하려고 노력합니다. 단순히 설명할 수 있는 것이라도, 저가 설명하지 않은 모든 것을 설명할 수 있는 것은 아닙니다. 이해는 필연적으로 보편적이 아닙니다. 저는 지금까지 그리스도의 사명, 성령의 도움, 그리고 신적인 계시에 근거한 신적인 은혜의 특별한 도움은 언급하지 않았습니다. 우리는 세례를 주고받는 자들로서 먼저 철학적 신학을 설명하고 그 다음에 그리스도의 지혜와 신비를 소개하는 데 의견을 모으기로 했습니다. 이것은 당신의 노력을 덜어 신앙과 이성의 조화[144]를 잘 이해하고, 종교를 과학으로 업신여기거나 오만하게 무지를 드러내므로 철학을 혐오하는 비이성을 명확히 보여줄 목적 때문입니다.

신학자 감사합니다. 저는 대화에서 많은 유익함을 얻었습니다. 당신의 칭찬에 감사드립니다. 저는 거룩한 경전에 경외심으로 교회의 교리와 권위, 좋은 본

---

144 교황 레오 10세(Leo X, 1475-1521)는 1512년 라테란 공의회를 개최하여 신학과 철학의 이중 진리를 정죄하였다. 신학자와 철학자의 대화는 '신학과 철학의 이중 진리는 없다'는 의견을 전한다.

보기에 따라 행동하며 건전한 주장으로서 외설적인 입을 막는 논증에 기쁨을 느낍니다. 이 백성이 고집을 부리는 이유를 모르는 바는 아니지만, 그들의 어리석음으로 주님께서 더욱 분명히 나타나셨음을 알 수 있습니다. 우리가 신앙의 원리를 연구하고 준비할 때, 더 큰 일을 할 수 있을 것입니다. 예언하고 기도드립시다. 이성의 빛이 영혼을 혼란스럽게 하고 길을 잃게 하는 헛된 어려움의 그림자와 유령을 모두 물리칠 것입니다.

평강의 기도를 드립니다.

5. 라이프니츠의 생애와 사상

1. 탄생, 성장과 학창 시절(1646-1666)

곳프리트 빌헬름 라이프니츠는 1646년 7월 1일 독일 작센주의 라이프치히 대학 도덕 철학 교수 요한 프리드리히 라이프뉴츠(1597-1652)와 동 대학 법학 교수 빌헬름슈뮤크의 딸 카타리나 슈뮤크 사이에서 태어났다. 유럽이 30년 종교 전쟁을 끝내면서 베스트팔렌 평화 조약 체결을 서명하기 2년 전이었다. 라이프뉴츠는 그의 세 번째 결혼에서 아들을 얻었지만 1652년 9월 6세 아들과 여동생 안나 카타리나와 아내를 두고 세상을 떠난다. 라이프니츠는 생후 삼일 만에 관례에 따라 니콜라이 교회에서 세례를 받았다. 세례식에서 머리를 높이 들고 두 눈을 크게 지켜 뜬 이기의 모습을 본 교인은 모두가 이를 신적인 표적으로 여겼다 한다.

아버지를 일찍 여읜 소년은 1653년 라이프치히 시내의 니콜라이 김나지움에 입학하였다. 부친 사후 2년째인 1654년, 밀봉되었던 부친 서재에 출입이 허용되면서 소년은 수많은 장서와 고전을 접했다. 8살이 못된 가운데 전혀 이해하지 못하는 라틴어 책을 성큼 성큼 뒤적거려가면서 순전한 독학으로 문자를 깨우치며 키케로, 리비우스, 버질 등을 비롯한 고전과 스콜라 문헌을 읽었다.

　소년은 13세가 되자 아리스토텔레스의 삼단논법을 접하고 논리학의 유용성을 습득한다. 이때 사유의 질서와 분배는 카테고리를 진술하는 용어인 프레디카멘트, 즉, 논리적 서술어는 개념 용어의 결합이라는 점을 깨닫는다. 소년은 1659년 니콜라이 김나지움 교내 백일장에 학우를 대신하여 300 헥사메타의 오순절 시를 학우들 앞에서 낭송하였다. 학교 생활에서 소년의 창의력은 선생님의 칭찬을 이끌어냈고 학우들을 감동시켰다.

　라이프니츠는 이미 케플러, 갈릴레이, 데카르트, 등의 저술을 읽고 박학다식해진 다음, 1663년 라이프찌히 대학에 입학한다. 당시 대학 풍토는 전통적 스콜라 과학이 퇴조하면서 기계론적 자연철학이 시대를 지배하였다. 청년 라이프니츠는 새로운 기계론적 사조에 매료되면서 스콜라 철학과는 자연스럽게 결별하였다. 그는 문학부에서 가장 먼저 야콥 토마지우스 지도하에 1663년 5월 「개별화 원칙에 대하여」라는 학사 논문 시험을 치른다. 그는 이 저작에서 13-4세기 스콜라 철학에 전거를 둔 실재론보다는 유명론 이론을 선호하였다.

　라이프니츠는 대학에서 수학, 희랍어와 라틴어 시문 강의를 들으면서 당시 유명한 바이겔 교수의 강의를 수강하려고 한 학기를 예나 대학으로 옮긴다. 라이프니츠는 2진법을 독창적으로 개발하면서 바이겔의 4진법의 표기 방식을 높이 평가하였다. 라이프니츠는 이 시기에 어머니 카타리나를 잃게 된 슬픔으로 번민과 고뇌에 빠졌지만 다시 창조적인 원동력을 얻어 학문에 전념한다. 1664년 예나에서 라이프찌히 대학으로 돌아온 그는 두 번째 학술 논문인 『법학으로부터 발췌된 어떤 철학적 문제의 범례』로 석사학위를 마친다. 그는 이 논문에서 철학과 법학의 긴밀한 관계를 강조하며 1665년 「조건들에 대하여」로 법학 박카랄리우스 학위를 받고 「복소수의 산술적 논쟁」을 집필하였고 「조합법」을 저술하였다.

라이프니츠는 「조합법」에서 유명론 전통의 라문두스 룰루스 저작에서 프레디카멘트로 된 개념들의 조합에 관한 기계론적인 처리 방식을 응용하고 히스파누스에 의하여 규정된 삼단논법 연구를 발전시켰다. 라이프니츠는 박사학위 논문에 도전하는데 대학 당국은 나이가 어리다는 이유로 불허하였다. 라이프니츠는 1666/7 겨울학기에 알트도르프 대학으로 옮겨서 「법학에서 복잡한 분규의 경우들에 대하여」를 집필하였고, 1667년 2월에 이를 박사학위 청구 논문으로 제출하여 20세에 법학 박사학위를 취득하였다. 알트도르프 대학은 라이프니츠에게 교수직을 제안하지만, 라이프니츠는 기각하고 연금술 연구로 유명하였던 뉴른베르크로 갔다.

2. 마인츠 시절 (1667-1671)

라이프니츠는 1667년 가을 뉴른베르크에서 네덜란드로 떠나려 하였으나 당시에 발병한 페스트 때문에 여행 계획을 중단한다. 라이프니츠는 이 해 11월 프랑크푸르트의 먼 친척을 잠시 방문하였다가 전직 마인츠 수상인 요한 크리스치안 폰 보이네브르크 남작을 만난다. 라이프니츠는 그의 주선으로 법학개혁을 위한 『법학의 신교육 및 교수법』을 집필하고 1667년에 이 책을 마인츠 선제후 요한 필립 폰 쇤보른에게 헌정한다.

당시 하노버의 요한 프리드리히 공작과 헤센의 라인펠쯔의 지방백작 에른스트는 보이네브르크와 같이 가톨릭으로 개종한 봉건 영주였다. 라이프니츠는 이들과 더불어 보이네브르크가 폴란드 국왕 선발을 둘러싼 외교 활동을 하였기 때문에 1669년에 폴란드 국왕 선발 과정에 관한 문제를 다룬 『폴란드 국왕 선출을 위한 정치적 증명의 범례』를 집필하였다. 그는 고오르기우스 울리코비우스 리투아누스라는 익명으로 이 책에서 스피노자 『윤리학』의 기하학적 증명 방식 보다 8년이나 앞서 정치 문제에 대한 해결 방안을 제시하였다. 라이프니츠는 폴란드에서 외교 활동을 하다가 다시 마인츠에 돌아와 1669년 당시 교회 통합의 문제를 취급한 「무신론자에 대한 자연의 고백」을 익명으로 썼고 이탈리아 인문주의자 스 니쫄리우스의 『위 철학자들에 대한 철학함의 참된 원칙들과 근거에 대하여』를 재편집한 서문에서 보편 논쟁의 문제에 유명론주의의 실재론적 해법을 제시한다.

라이프니츠는 1670년 마인츠 고등법원 평의원으로 승진하면서 삼위일체의 신학적 문제, 물리학의 운동이론, 법 이론과 국가 개혁을 위한 법전 편찬, 오스트리아 가문의 특권, 삼국 동맹에 대한 정치 분석, 과학과 기술협의회 설립, 폴란드 왕세자 책봉 소견 등의 문제에 전념하였다. 그는 영국 왕립학회 비서관 올덴부르크와 서신 교환을 하였고 홉스에게도 서신을 보냈다.

3. 파리 시절 (1672-1676)

라이프니츠는 1672년 3월에 보이네브르크의 어린 아들 필립 빌헬름의 교육을 담당하는 명목으로 프랑스 파리로 간다. 그는 프랑스의 팽창하는 국력에 대응하라는 외교적 밀명을 받았다. 그 때문에 그는 소위 「이집트 계획」이라는 비망록을 작성한다. 태양 왕이라 불리던 루이 14세에게 이집트 공격을 단행하게 함으로 프랑스의 공격을 막아보자는 것이다. 라이프니츠는 이 계획안에 따라 왕과 장관들에게 강연으로 설득하려하였으나 프랑스는 이미 병력을 동부 전선으로 이동시켜 네덜란드를 공격하였다. 따라서 이 계획안은 실패한 것으로 평가된다. 훗날 나폴레옹도 1798년 이집트 출정을 마치고 돌아온 이후에 라이프니츠 백서의 존재를 알게 되었다.

라이프니츠는 파리에서 필립 빌헬름의 교육을 지도하고 도서관에서 책을 읽고 극작가 몰리에르의 연극을 관람하는 등 일상 생활을 보냈다. 그러는 동안 1672년 12월 보이네브르크가 사망하고 1673년 2월에 선제후 요한 필립 공이 사망하였다. 라이프니츠는 마인츠와의 연결 고리가 점차로 약해잔 암울한 시기를 계기로 1672/3년 『철학자의 고백』을 집필한다. 이 책에는 그가 당시 파리 사상계를 지배하던 데카르트와 데카르트주의의 무신론주의자들 및 홉스와 대결을 펼치고 있는 모습이 구구절절이 드러난다. 라이프니츠는 파스칼과 데카르트의 유고들을 접하면서 플라톤의 『파이돈』과 『테아테토스』를 라틴어로 번역하였다. 그는 하위헌스, 아르노, 말브랑슈, 갈로와, 로베발, 까시니, 뢰머, 꼬르드무와, 치른하우스 등, 수많은 파리의 학자들과 교류하였다.

라이프니츠는 1673년 두 달 간 일군의 마인츠 외교 사절단과 더불어 네덜란드의 평화 중재를 위한 외교적 노력으로 런던 여행길에 합류한다. 라이프니츠는 파스칼의 덧셈

뺄셈 기능을 갖는 계산기에서 더 나가 사칙 연산이 가능한 계산기를 제작하여 보유하고 있었다. 라이프니츠는 왕립학회 회원들과 수학, 물리학, 역학의 문제를 토론하고 자신의 계산기를 시연하므로 능력을 인정받아 왕립학회의 회원으로 등록된다. 그는 런던에서 올덴부르크 보일, 후크, 콜린스 등 왕립학회 회원들을 만났지만 뉴턴은 못 만난다. 다시 프랑스에 돌아온 라이프니츠는 독립적으로 1675년 10월에 미분과 적분 계산법을 발견한다. 미분의 델타 $\varDelta$와 적분 $\int$의 합의 기호 상징은 라이프니츠의 것으로 현대에도 널리 통용된다.

라이프니츠는 마인츠의 관계가 끝나자 메클렌부르크의 공작, 슈트라스부르크 주교를 위한 법률적 소견서, 친척의 기부금 등으로 생계를 꾸리지만 1676년 파리 학술원 로베발의 후임으로 파리에 좀 더 머물려고 하였던 노력이 무위로 돌아가자 귀국을 결심한다.

라이프니츠는 1671년 마인츠에서 『추상적 운동 이론』, 『신 물리학 가설 혹은 구체적 운동 이론』에서 '이유 없이 일어나는 것은 없다'는 충족 이유율을 인식의 근본 원칙으로 요청하였다. 이 원칙은 정신이야말로 운동의 유일한 원칙이며 물리학의 형이상학적 근거라고 주장한다. 반면에 신체란 단지 하나의 '순간적 정신'에 거하는 현상으로 파악한다. 이 말의 의미는, 라이프니츠는 자신이 파리에 있든 독일에 있든 신체는 지속적인 실질적 동일성의 조건과 회상이 결핍된 정신으로 본다는 것이다. 라이프니츠는 운동은 공간과 시간 같이 절대적이 아니라 하나의 지속적 창조로만 이해되어야 한다고 주장한다. 운동은 겉으로 드러난 외적 현상에서 인과적으로 설명되어질 수 없고 목적에 의하여서만 설명될 뿐이다.

라이프니츠는 운동에 대한 이런 인식론의 배경에서 교육과 계몽에 의한 이성을 강조한다. 그는 철학은 서로 싸우는 파당에서 이성이 필요로 사용하는 평화와 용서의 도구라고 여긴다. 라이프니츠는 자신이 창안한 운동 이론과 신체 이론을 뒤로 파리를 떠나 요한 프리드리히 공작이 제안한 하노버로 향했다.

4. 하노버 시절(1676-1688)

라이프니츠는 곧장 하노버로 가지 않고, 1676년 런던에서 9월과 10월에 머물다가 네덜란드로 건너가 암스테르담, 할렘, 델프트, 헤이그를 방문하였다. 라이프니츠는 델프트에서 동물학자 안토니 판 레이웬후크를 방문하여 그로부터 당시 현미경에 의한 최신 연구 성과와 실험 현장을 견학하였다. 그는 헤이그에서 죽기 3개월 전의 스피노자를 3일간

방문하면서 보편기호 표기법과 하나님 존재 증명에 관하여 토론하였다. 하노버는 1636년 부라운슈바이하 류네브르그 제후의 영지로 당시 인구는 1만이 채 못 되었다. 라이프니츠는 도서관의 자료 정보화를 추진하고 1677년 말에 주권 국가의 외교권에 관한 국가법적 소견서를 하노버 법원에 제출하여 헌법 제정을 하였다. 그는 로쿰 사원의 수도원장 몰라누스와 교류하며 가톨릭 교회와 프로테스탄트 교회의 재통합, 칼뱅주의자와 루터주의자와의 연합을 위해 노력했다.

라이프니츠는 1679년 10월 잘쯔기타 아래쪽 클라우스탈-첼러펠드 산악 지대에 위치한 하르츠 은광 개선 작업을 맡는다. 그는 6여 년 동안 광갱의 이익 배당, 일반 복지, 갱도의 통풍 설비 기술, 배수 처리 등에 걸쳐 과학 기술의 발전에 기여하였고 광산에서 발견된 화석으로 지구의 역사에 관한 연구를 수행했다.

라이프니츠는 1682년 라이프치히 대학의 오토 멩케 교수가 편집한 『학술연보』에 「극대와 극소의 신 방법에 대하여」를 기고한다. 이 잡지는 영국의 왕립학회나 프랑스 학술원의 기관지에 비해 늦게 출발하였지만 이 논문의 게재로 나중에 뉴턴과 라이프니츠의 미적분계산법 발견의 우위 논쟁의 시발점이 되었다. 90년대 뉴턴 추종자들은 정치적 동기까지 품고 왕립학회는 물론 뉴턴 자신까지도 가담

하여 이 논문에 대한 표절 시비를 불렀다. 라이프니츠는 파리 시절의 수학과 기하학의 연구를 이어 1679년에 이진법, 멱 수열 계산, 그리고 아리스토텔레스 삼단논법을 산술화 하고 그리고 대수화 하는 연구를 하였다. 이 시기의 논리학 연구는 1686년까지 이어졌고, 1690년대까지 도달하였던 연구성과는 19세기 말의 불에 의하여 재생되어 20세기 초 프레게 논리학의 근본 토대가 되었고, 여기서 발전한 튜링과 폰노이만 이론적 토양에서 현대 컴퓨터 논리학이 탄생하였다. 라이프니츠는 하르쯔 은광의 기계 설비 작업에서도 루이 14세를 기독교적인 군대의 하나님이라는 탄핵으로 비난하면서 1686년 『형이상학강론』과 『신학 체계』를 집필한다. 라이프니츠는 아르노에게 『형이상학강론』의 37개의 요약문을 보내주기도 하지만 모든 개별 실체 개념의 충족적 자기 규정과 인간의 자유 사이에 발생하는 모순의 문제에 대한 의견 차이로 서신 교환을 그만둔다.

1679년 요한 프리드리히 공작의 사후 그의 동생 에른스트 아우그스트 공작은 1685년 여름 라이프니츠에게 뷜펜 가문의 역사와 부라운쉬바이히 류네브르크 가문의 역사를 집필할 것을 위임한다. 라이프니츠는 하노버 궁정에서 1679년 헤르포드에서 알았던 소피 샤를롯데 대공 비와 가까이 지냈다. 그녀는 팔쯔의 프리드리히 5세의 12번째 딸이며, 1714년 하노버 가문을 영국 왕실로 잇게 한 영국의 제임스 1세의 손녀다. 그녀는 어머니 엘리자베스가 암스테르담 망명 시절에 데카르트와의 교류에서 데카르트가 『철학의 원칙』을 그녀에게 헌정할 정도로 뛰어난 철학 애호가였듯이, 라이프니츠와 수많은 대화를 나눈 격조 높은 철학적 대화 상대자였다.

5. 이탈리아 여행 (1689-90)

라이프니츠는 역사 편찬 기획을 위하여 수도원과 개인 장서로 남아있는 도서관 기록물과 필사본을 검토하기 위하여 1687-90년에 이르기까지 현장 답사를 떠난다. 그의 일정은 하노버에서 남부 독일 거쳐 오스트리아, 알프스를 넘어 북부 이탈리아, 로마 그리고 네아펠에 이르는 장도의 연구 여행이었다. 라이프니츠는 1687년 10월 하노버를 출발하여 마르브르크, 프랑크프르트 그리고 뵈멘을 들러 뮌헨으로 가려다가 1688년 4월 아우구스부르크의 수도원 도서관에서 뷀펜과 에스테 가문 사이에 공통된 근원에 대한 문서 기록물을 발견한다. 여기서 그는 뷀펜의 친척이 이탈리아 에스테 성 性임을 알아내고 이탈리아로 가기 위해 먼저 비인에 들른다. 그는 도서관에서 필사본 연구를 하면서 1688년 5월에서 1689년 2월까지 황제 레오폴드 1세를 접견하고 궁정

관방 장관을 만났다. 그는 스피놀라 주교와 교회 통일을 논의하며 비인에 학술원 건립, 동전 개혁, 금융 개혁, 무역과 수공업에 의한 오스만 터키와의 전쟁 재정 지원 계획안 등의 여러 현안에 대해 자문한다. 라이프니츠는 1689년 3월 베네치아에 들러 수학자, 동전학자, 신학자, 철학자들과 교류하다가 볼로니아, 로마에서 네아펠까지 간다. 라이프니츠는 여름을 로마에서 보내면서 바티칸 도서관과 바베르니 도서관에서 당시 병 중이던 교황 인노센트 11세의 건강과 안녕을 비는 현시를 쓰고, 새로 선출되는 알렉산더 3세의 신임 교황을 위한 글도 짓는다.

라이프니츠는 로마에서 역학 개선에 관한 이론과 중국학에 전념한다. 그는 뉴턴의 『자연 철학의 원칙』에 대항하고 운동량 보존 법칙에 대한 데카르트의 비범한 오류를 지적하면서 자신의 역학 이론을 1689년에 출간한다. 그는 데카르트가 질량과 속도의 곱 mv를 운동량으로 정의한 점에 대해 질량과 가속인 mv^2의 vis viva를 에너지 보존 법칙으로 대별시킨다. 라이프니츠는 데카르트 추종자로 스웨덴의 크리스티나 여왕을 만나려 하였으나 그녀는 이미 4월 19일에 사망하였다. 라이프니츠는 로마에서 예수회 중국 선교사 그리말디를 만나 39 여개 문항의 질문으로 중국과 유럽에 대해 의견을 나눈다. 그의 관심 영역은 중국의 언어, 문화, 과학, 기술, 비단을 생산하는 누에, 건강 식품으로서 인삼, 의술, 전쟁 기술과 축성술 등을 망라한다.

라이프니츠는 1689년 12월 피렌체의 대제후의 사서 마길리아베치를 만나 그의 안내로 볼로니아를 넘어 모데나에 도착한다. 그는 모데나에서 두 달 동안 하루 12시간 원본 추적을 위한 기록 작업에서 구엘프 왕조를 세운 바라리안 귀족 벨프 6세(1070-1101)의 어머니인 쿠니군데 공작비 비명을 통하여 에스테 가문과 뵐펜 가문 사이의 친족에 대한 전거를 확보한다. 라이프니츠는 1690년 모데나에서 수집한 연구 결과의 분류 작업을 토대로 1693년 『민족의 역사 자료의 편집』, 1700년 『부록』, 1698-1700년 『역사의 도래』, 그리고 3권의 『부라운쉬바이히 가문의 역사 저술』을 출간했다.

6. 새로운 역학과 예정조화론(1691-1699)

라이프니츠는 1690년 이탈리아 여행을 끝내고 다시 비인, 프라하, 드레스덴, 라이프치히를 거쳐 하노버로 돌아와 사료 편찬 작업을 계속하는 동시에 보편 언어 연구에 전념한다. 라이프니츠는 1691년 에른스트 아우구스트 대공이 부라운쉬바이히-류네브르크 하노바 가문의 9대 선거권으로 선제후 지위를 얻을 수 있는 국가적 권리 각서를 문서로서 제시했다.

라이프니츠는 황제와 개인의 사회적 역할 및 세계의 발전에 관한 철학적 사색의 모색으로 1695년 황제의 추밀원 고문이 된다. 이 직위는 브란덴부르크의 프리드리히 선제후가 1700년, 페터 러시아 대제도 1702년에 수여한다. 1698년 선제후 에른스트 아우구스트 대공이 사망하자, 그의 아들 게오르그 아우구스트 대공이 하노버 왕위를 이어받는다. 신임 선제후는 1698년 재차 라이프니츠에게 부라운쉬바이히 류네브로그 가문의 영광을 위한 역사 서지학적인 작업을 권장하였다. 라이프니츠 1691년 이래 부라운쉬바이히-볼펜뷰텔의 안톤울리히 공작을 자주 만나러 갔고 여러 달을 베를린 쪽으로 관심을 돌린다. 라이프니츠는 1697년에는 「게르만 민족 언어의 근원」 1715년에는 「프랑켄 민족의 언어의 근원 그리고 비교 언어의 역사」를 출산한다. 라이프니츠는 존 로크가 영국에서 1690년 『인간오성론』을 출간하자 이에 대한 대안으로 1695년경에 『신인간오성론』을 집필했다.

라이프니츠는 당시 유명한 수학자의 가문의 베르누이 형제와의 서신 교환에서 단순 실체 이론을 언급하고 1695년에는 로삐딸과의 서신 교환에서 모나드 개념과 예정조화론을 각인한다. 단순 실체란 자기 의식이 결핍되어 주어가 아니다. 그는 의식의 가장 밑바닥과 가장 원초적인 토대에 있어 파괴되지 않는 원소이다. 반면에 개별 실체는 완전한 관념으로 충족적으로 규정된다. 그는 역학적 현상의 영역에서 은총 내지 목적으로 등장한다. 기계론적 자연관은 뉴턴에 따르면, 모든 자연의 힘에는 물체 상호 간의 인력에 기인한다고 하는데, 라이프니츠는 은총이나 목적의 원인, 다른 말로는 하나님이 들어설 자리를 마련한다. 모든 힘의 원천과 자연 현상에 대한 하나님의 사역으로서 하나님의 가정을 원천적으로 배제하지 않는 것이다. 예정조화론은 하나님이 자연 세계에서 완전히 추방되는 상황에서 모나드를 통하여 물질과 정신 사이의 평행 이론의 우려를 불식시키려는 철학적 설명이다.

라이프니츠는 그리말디에 이어 예수회 중국선교사 부베와 이진법과 역의 상징이 구조적으로 일치한다는 서신 교환으로 1697년 루돌프 아우구스트 공작에게 「이진수 체계」를 보고한다. 그는 1699년 중국에 관한 최신 정보를 수집하여 모은 자료집으로 『최신 중국학』을 출간한다. 그는 다른 한편으로 기독교 세계 교회로서 세계 공의회를 구상하면서 베를린 궁정 설교자 야블론스키와 프로이센의 루터파와 개혁파의 교회 통합을 위한 협의회를 이끌었다. 1698년 하노버의 애른스트 아우구스트 대공이 죽자, 장자 게오르그 루드비히가 왕위를 승계하면서 라이프니츠는 소피 샤를롯데가 제후비로 있는 베를린으로 관심을 돌린다.

7. 베를린 시절(1700-1711)

라이프니츠는 세기의 전향기인 1700년에 오늘날 하노버의 슈밀슈트라세 10번지에 있는 자신의 집을 떠나 베를린으로 간다. 프로이센 왕이 된 브란덴부르크의 선제후 프리드리히 선제후비 소피 샤를롯데 여왕이 베를린으로 불러들였기 때문이다. 그는 이 해에 파리 학술원 원외 회원으로 등록하고 그간 준비하여 설립한 베를린 학술원 초대원장으로 취임한다. 당시 베를린은 1685년 낭뜨 칙령을 통하여 프랑스를 떠난 후고노트 인들이 인구 3만의 6분의 1을 차지하면서 과학과 기술의 노하우를 소지하고 있었다. 베를린 학술원은 이러한 우수한 전문 인력을 흡수하는 일환으로 과학기술 분야의 부속기관을 설립하여 학술 진흥과 중국 선교를 목표로 출범하였다.

라이프니츠는 조상 가운데 1600년에 귀족의 품위를 받았으나 무자식으로 귀족 신분을 세습할 수 없었던 파울 폰 라이프니츠의 문장을 사용한다. 그는 이 문장을 베를린 학술원 의장 명함과 제후와 귀족 및 고급 관료에게 보내는 공문에 사용하였다.

라이프니츠는 오늘날 베를린의 샤를롯덴부르크 성으로 불리는 신축된 류젠브르그 성에서 약 12개월을 샤를롯데 여왕과 지낸다. 라이프니츠는 이 시기를 일컬어 자신의 일

생에 가장 행복했던 기간으로 여긴다. 하노버의 선제후비 소피의 딸인 샤를롯데 역시 어머니와 같이 심중으로부터 라이프니츠 사상을 잘 이해하고 따랐다. 그러나 1705년 그녀의 조기 사망은 불행이었다. 라이프니츠는 그녀의 죽음을 "프로이센의 여왕이 지구의 괘도를 떠나, 태양은 더 이상 보이지 않나이다."라고 애도할 정도로 안타까이 여긴다. 그녀의 비운은 라이프니츠로 하여금 다시 하나님의 사랑과 인간의 운명에 대해 전념하게 하는 계기가 된다. 라이프니츠는 악의 근원과 인간의 자유에서 하나님의 선하심을 변론하려고 『변신론』을 집필한다. 자신의 예정조화론을 공적으로 비판한 글들을 반박하기 위하여 1710년 익명으로 출간된 이 책은 18세기 유럽 지식인들에게 널리 영향을 미친다.

라이프니츠에 따르면, 하나님은 모든 가능한 세계에서 최상으로 존재하는 세계를 실현시킨다. 그의 정신은 전능과 재화의 근거에서 서로 양립되어 어울릴 수 있는 개별 실체를 창조한다. 각각의 개별 실체는 그들이 이전에 만났고 만나게 되는 모든 사사건건에 대하여 자신의 충족적 개념으로 정해져 있다. 하나의 가능한 개별 실체의 충족적 개념은 완전성의 등급으로 실현되어 가도록 되어있다. 대우주에서 소우주에 이르기까지 전체가 하나의 커다란 유기체의 조직에서, 아주 작은 미생물의 조직에서 더 커다란 생명의 일사불란한 조직에 이르기까지, 하나님은 이 세계를 존재하도록 돕고 어떤 다른 세계가 존재하도록 돕지는 않는다. 하나님에게 더 나은 세계는 불가능하다. 라이프니츠는 『변신론』에서 철저히 하나님의 관점을 옹호하였기 때문에 볼테르는 『깡디드』에서 이런 관점을 "기독교적 체념"의 이론으로 본다.

라이프니츠는 소피 샤를롯데 여왕의 사후 1709년과 1711년 두 번만 베를린에 가서 러시아의 칼 대제의 궁정 고문의 직함으로 중국과 유럽 사이의 러시아의 지정학적 위상에 대하여 조언한다. 라이프니츠는 스페인 왕관의 합스부르크 상속권 요구와 토스카나의 상속 지위가 칼 6세 황제에 권리가 있다는 법률 소견을 제시하면서 비인으로 관심을 돌린다. 라이프니츠는 1700년 헬름스네테에서 공상을 설립하고, 1711년에서 1716년까지 차이츠에서 공장을 운영하며 동판 계산기 제작을 위해 노력하였다. 그는 덧셈과 뺄셈 그리고 곱셈과 나눗셈을 계산하는 기계적 모델을 걸음수에 비례하여 생각하였다. 그의 계산 모델은 계산 명령에서 스위치의 켜짐과 꺼짐의 상태를 표현하는 논리의 흐름을 나타내고, 10진법으로 10자리 다이얼의 위치에 의한 연산의 진행을 나타냈다.

라이프니츠는 부베, 퐁타네, 자르투 등, 예수회 중국선교사들과 수십 차례 서신교환을 주고 받으며 유럽, 러시아,

그리고 중국을 아우르는 세계 학문 공동체에 대한 관심을 표명하였다.

8. 비인 시절(1712-1714)

라이프니츠는 1712년 제국의 궁정 평의회 고문으로 1712년 12월에서 1714년 8월까지 비인에서 머문다. 그는 이 시기에 1713년 『중국 철학에 대한 두 서한』을 쓰고, 1714년 싸브와엥 우제느 왕자를 위해 『이성에 기초한 자연과 은총의 원리』, 니꼴라 프랑스와 레몽드를 위해 『모나드론』를 쓴다. 라이프니츠는 제후가 부과한 의무를 벗어나 황제의 봉사를 희망하였지만 1714년 가을 하노버로 소환된다. 선제후 게오르그 루드비히가 조지 1세로 영국의 왕위를 승계하기 위하여 런던으로 떠났기 때문이다.

『이성에 기초한 자연과 은총의 원리』와 『모나드론』에서는 현상 이론이 감추어져있다. 이 책에 나오는 이론은 하노버의 소피 선제후비와 그녀의 첫딸 프로이센의 소피 샤를롯데 여왕에게 누차 설명하였다. 형이상학의 최종 귀결은 공간적 시간적 현상 세계의 단순 실체와 단순성이다. 세계는 두 영역으로 나누어지고 그 사이에 하나의 다리가 있다. 현상의 영역은 자연의 작용 원인으로 물리학의 역학의 지배를 받는다. 목적 내지 은총의 영역에는 형이상학적 모나드 이론이 있다. 자연은 무한한 다양성을 통하여 경쟁적으로 표상 하는 원인들로 가득 차 있다. 그곳은 히포크라테스 명제처럼 "모든 것은 함께 연관을 맺고 있다." 이 말은 이전에 토론한 단순 실체와 같은 의미에서, 모든 모나드는 그 자체 안에서 전 우주를 충족적으로 표현하고, 모든 것은 하나님에 의한 예정 조화에서 온다는 뜻이다. 거기서 실체들에 하나의 잇따른 물리적 영향을 요구하는 것은 인과성의 설명이 과다하다.

모나드는 창문이 없고 물체들은 단순 실체가 아니므로, 영혼과 신체, 사유와 연장, 사유와 존재의 좌우 동형의 딜레마를 풀어내는 설명이 예정조화론이다. 물체나 신체들이 아무리 잘 조정되어 있을지라도 물체들은 모나드들 안에 그때마다 나타난 현상이다. 고도의 정신들도 단순 실체들의 예정 작용으로 수시로 지배적인 중앙 모나드의 통제 하에 종속되고 그 귀결을 신체적으로 수행한다. 오직 모나드만이 단순하여 파괴될 수 없는 단순 실체로 복합적 실체들에서 현상에 드러난다. 이 현상에 모나드가 신체로 나타나지 않는 경우가 있을 수 있다. 단순 실체는 유아론이 아니고 현상은 객관적 관념론이 아닐 수 있기 때문이다.

모든 모나드는 영들이나 귀신과 같이 물체들과 역사를 갖는 세계에서 서로가 표현한 것을 비추어내는 '살아있는 거울'이다. 이러한 지각은 통일 속에 있는 다양성의 현현이다. 모나드 내적 상태가 외적 사물에서 현상으로 나가면 예정 조화가 된다. 지각은 모든 것을 꽤 뚫어 관통하여 '확' 알아채지는 못한다. 이들의 내적인 상태를 자의식으로 반성하는 지각은 '딱' 알아채는 통각이다. 모나드 인식 원리는 '확'하는 지각과 '딱' 알아차리는 통각에 있다. 모나드 인식 원리는 아무리 작은 지속에서도 일순간의 끊임없는 모든 무한한 귀결을 전 우주와 그 자신의 본래의 과거와 미래를 결합한다.

모나드 형이상학 구도에서 세계는 자연 기계로 조직된 유기체다. 자연의 기계적 부분은 기계와 기계로 이어지고 계 하위 구조로 내려가면 나중에 단순 실체만 남는다. 자연은 지속적 이행만이 있고 비약하지 않는다. 자연에 비약이 없음은 세계의 지속 근거다. 거기에는 완전히 똑 같은 두 실체란 없다. 세계에는 탄생도 죽음도 없는 실체의 변형만 있다. 모나드는 하나님의 조력이 없이는 서로 따라가지 않으며, 보존을 오르지 하나의 지속적 창조로서만 파악된다.

9. 장례식(1715-1716)과 유고

라이프니츠가 빈에 체류하는 동안 하노버 공국은 라이프

니츠에게 뵐펜 가문의 역사 편집 자료의 정리와 편찬 보완 작업을 마치라는 명령을 내린다. 라이프니츠는 정치적 이유로 자신의 예정조화론에 밀려오는 회오리 급류를 생각하며 동양의 고전 세계의 관심을 기울인다. 그는 당시 유럽에 전해진 바둑을 보고 동양은 서양의 물리적 힘보다는 훨씬 공을 덜 들이고도 세계를 지배하는 정신 도덕을 지녔다고 평가하였다.

라이프니츠는 1711년 존 케일에 의한 미분 계산 발견의 우위 논쟁으로 표절 비난이 일어나자 뉴턴의 원자와 진공에 대해 단순 실체와 모나드 개념으로 맞선다. 그는 뉴턴의 절대 시간과 절대 공간뿐만 아니라, 만유 인력의 중력도 인정하지 않았다. 대신 모나드가 시간과 공간을 물체의 현상을 상하좌우전후로 표상하는 공존 질서와 계기적으로 연결되는 상존 질서로 파악하였다.

라이프니츠는 하노버에 다시 돌아온 뒤에도 파리로 건너가 살거나 헝가리에 가옥과 대지를 구입하여 황제를 위해 일할 생각도 갖고 있었다. 그러나 영국에 왕위 승계를 위하여 따라간 왕비 소피와 그의 사절들을 위한 대륙과 영국의 사상 교류가 필요했다. 이것은 하나의 서신 교환 형식을 통하여 이루어지도록 준비되었다. 당시 캠브리지에서 박사학위를 마친 사무엘 클라크가 라이프니츠와의 서신 교환 파트너로 지목되었다. 1714년에 시작된 라이프니츠와 클라크의 서신논쟁은 라이프니츠가 모두 다섯 차례 서신을 띄우고, 클라크가 다섯 차례 답신하는데, 라이프니츠의 사망으로 끝난다.

그의 장례식은 비서 에카르트와 그의 시종들만 뒤따랐고 하노버의 귀족과 관료들은 얼굴조차 비치지 않았다. 뉴턴의 영구 마차가 공작, 백작, 수많은 귀족과 런던의 평민 계급까지 존경과 애도로 웨스트민스터 사원으로 호위되었던 것과는 정반대였다. 파리 학술원이나 런던의 왕립학회에서 라이프니츠의 긴급한 사망 소식은 충격적인 비보였다. 라이프니츠의 초라한 장례 행렬은 일종의 독일의 스캔들이다. 평생을 독신으로 지낸 라이프니츠가 남긴 재산은 여동생 안나와 남편 시몬 뢰플러의 전처 소생인 시몬 뢰플러에게로 넘어갔다. 라이프니츠의 유해는 하노버의 노이슈테터 개신교 교회에 안치되었다.

라이프니츠 사후 하루 만에 라틴어와 불어, 독일어로 쓴 모든 그의 저작과 편지들은 국가 대사 급 유고 문서로 봉인되었다. 1,000명 이상의 서신 상대자와 15,000편 보다 많은 서신 교환을 포함하는 그의 유작의 대부분은 하노버 대학의 라이프니츠 문고에 비치되었다. 라이프니츠의 유고는 오늘날 유네스코 세계 기록 문화 유산으로 등록되었다. 뮌스터 대학의 라이프니츠 연구소, 베를린 포츠담의 라이프니츠 연구소는 문헌학적 고증과 컴퓨터 시스템으로 『라이프니츠의 전체 저작과 서한집』을 역사 비판적 편집으로 출간하고 있다.

라이프니츠는 불어 라틴어 희랍어 독일어 등으로 편지와 글을 썼다. 일본은 라이프니츠 전집을 각 분야의 전문가들이 번역하여 출간하고 있으며, 중국도 정치와 과학과 연계하여 라이프니츠 철학을 연구한다. 우리나라도 『모나드론』, 『형이상학강론』, 『라이프니츠와 클라크의 편지』, 『변신론』 등을 한글로 번역하였다. 라이프니츠가 철학과 신학에서 사용하는 개념은 인도 유럽어족 언어와는 다르기 때문에 우리 말에서 대응 가능한 개념을 통하여 읽을 필요가 있다. 『철학자와 고백』은 하나님의 정의와 인간의 자유에 대한 라이프니츠의 변신론으로 독자를 인도한다.

6. 참고문헌

1. 번역

Confessio philosophi. by L. Jagodinsky, Kasan, 1915.

Confessio philosophi. La confession de foi du philosophe. by Y. Belaval, Paris, 1961.

Confessio philosophi. Ein Dialog. Kritische Ausgabe mit Einl., übersetzt und kommentiert von O. Saame, Frankfurt am Main, 1967.

2. 라이프니츠 저작

Gottfried Wilhelm Leibniz, *Sämtliche Schriften und Briefe.* Hrsg. von der Deutschen Akademie der Wissenschaften zu Berlin 1. Reihe, 7 Bände. 2. Reihe, *Philosophischer Briefwechsel.* 1. Band. 6. Reihe, *Philosophische Schriften.* 6 Bände 6. Reihe, Vorausedition, 10 Faszikeln, bearbeitet von der Leibniz-Forschungsstelle der Universität Münster.

3. 일반저작

Aristoteles Latinus, Analytica Priora. editione curandae praesidet L. M.-Paluello, Burges-Paris, 1962.

W. Bauer, *Die Bedeutung des Gottesbegriffes bei Descart, Archiv für Geschichte der Philosophie.* 20. Bd., N.F., 1913.

Belaval, Y., *Leibniz critique de Descartes.* Paris, 1960.

L. Couturat, *La Logique de Leibniz*. Paris, 1901.

R. Finster/G. Van den Heuvel, *Gottfried Wilhelm Leibniz*. Hamburg, 1990.

G. Funke, *Der Möglichkeitsbegriff in Leibnizens System*. Bonner Diss., Bonn, 1938.

G. Grua, *La position de Leibniz par rapport aux ontologies scholastiques, et ses conséquences dans sa doctrine*. Supplementum ad Acta III Congr. Thomistici Internationalis. In Doctor communis IV, I. Rom, 1951.

E. Bodemann, *Der Briefwechsel des Gottfried Wilhelm Leibniz in der königlichen öffentlichen Bibliothek zu Hannover*. Hannover, 1889.

E. Bodemann, *Die Leibniz-Handschriften der königlichen öffentlichen Bibliothek zu Hannover und Leipzig*. 1895.

G. Dalgarno, *Ars Signorum, vulgo character universalis et lingua philosophica*. Londoni, 1661.

R. Goclenius, *Controversia logica et philosophica*. Marpurgi, 1604.

Lexicon philosophicum. Frankfurt 1613. Nachdruck, Hildesheim, 1964.

Großes vollständiges Universallexicon aller Wissenschaften und Künste. 63 Bde., Leipzig und Halle, 1750.

A. F. Kirsch, *Cornucopiae linguae latinae*. Norimbergae, 1700.

O. Klopp, *Die Werke von Leibniz gemäß seinem handschriftlichen Nachlasse in der Bibliothek zu Hannover*. 11 Bände. Hannover, 1864-1884.

J. Mircraelius, *Lexicon philosophicum*. Stettin, 1653.

A. Souter, *A glossary of later latin*. Oxford, 1957.

V. Maronis, *Inscripta Gualtero Valkenier*. nova editio, Leiden, 1646.

H. Walther, *Proverbia sententiaeque latinitatis medii aevi*. Göttingen, 1963.

찾아보기

인명

ㄱ

갈로와(J. Gallois, 1632-1707) 160

갈릴레이(G. Galilei, 1564-1642) 156

게오르그 루드비히(G. Ludwig, 1660-1727) 176, 180

그리말디(P. M. Grimaldi, 1633-1714) 173, 176, 189

ㄴ

뉴턴(I. Newton, 1643-1727) 19, 161, 170, 173, 176, 183, 184

니꼴라 프랑스와 레몽드(N. F. Remond, 1676-1725) 180

ㄷ

데카르트(R. Descartes, 1596-1650) 10, 12, 22, 31, 47, 83, 156, 160, 172, 173, 189

둔스 스콧투스(D. Scotus, 1308 †) 145

디오도로스(Diodorus Cronus, B.C. 284 †) 83

ㄹ

라이프뉴츠(F. Leibnuetz, 1591-1652) 155

레기우스(U. Regius, 1489-1541) 71

레오 10세(Leo X, 1475-1521) 21, 153

레오폴드 1세(Leopold I, 1640-1705) 172

로베발(G. de Roberval, 1602-

1675) 160, 161

로삐딸(G. de l'Hospital, 1661-1704) 175

로크(J. Locke, 1632-1794) 16, 175

뢰머(O. Roemer, 1644-1710) 160

루돌프 아우구스트(R. Augustus, 1627-1704) 176

루이 14세(Luis IV, 1643-1715) 12, 159, 171

루터(M. Luther, 1483- 1546) 45, 71, 128, 170, 176

룰루스(R. Lullus, 1232-1316) 157

ㅁ

몰리에르(Moliere, 1622-1673) 159

말브랑슈(N. Malebranche, 1638-1715) 160

ㅂ

바이겔(E. Weigel, 1625-1699) 156

바클레이(J. Barclay, 1582-1621) 82

버질(P. Vergilius M., B.C. 70-19) 26, 32, 109, 110, 138, 156

보일(R. Boyle, 1627-1691) 104, 161

보라지네(J. de Voragine, 1230-1278) 132

보시에(P. Bosquier, 1561-1636) 133

보에치우스(Boethius, 480-524) 54, 76

볼프(C. Wolf, 1679-1754) 145

볼테르(Voltaire, 1694-1778) 179

부베(J. Bouvet, 1656-1730) 176

빌헬름슈뮤크(W. Schmuck, 1575-1634) 155

벨라발(Y. Belaval, 1908-1988) 88

벨프 6세(Welf VI, 1115-1191) 174

ㅅ

사무엘 클라크(S. Clarke, 1675-1729) 183

세네카(L.A. Seneca ca. 65 †) 139

소피(Sophia, 1630-1714) 171, 176, 177, 178, 179, 180, 183, 190, 201

소피 샤를롯데(Sophia Charlotte, 1668-1705) 171, 176, 177, 179, 180, 190

스텐젠(N. Stensen, 1638-1686) 9, 10, 42, 43, 44, 45, 49, 52, 56, 59, 61, 62, 73, 75, 77, 89, 97, 100, 107, 114, 124, 126, 127, 141, 143, 148

스피노자(B. de Spinoza, 1632-1677) 23, 105, 158, 169, 190

쇼펜하우어(A. Schophenhauer, 1788-1860) 4

쉐이퍼스(H. Schephers, 1925-2020) 88

싸브와엥 우제느(Eugen von Savoyen, 1663-1736) 180

ㅇ

아르노(A. Arnauld, 1612-1694) 10, 160, 171

아리스토텔레스(Aristoteles B.C.384-322) 20, 21, 54, 64, 76, 98, 99, 130, 145, 156, 171

아베로이스(Averroes, 1126-1198) 20, 21

아벨라드(P. Abaelard, 1079-1142) 83, 190

아우구스티누스(Augustinus, 354-430) 124

아퀴나스(T. Aquinas, 1225-

1274) 21, 47, 55, 80, 145

아프로디시아스(A. Aphrodisias ca. 200-300) 20, 21, 190

안드레아(Andrea, 1528-1590) 35

안톤 울리히(A. Ulrich, 1633-1714) 175

애른스트 아우구스트(E. Augustus, 1629-1698) 176

오비드(P. Ovid N. B.C. 43- A.D. 17) 103

올덴부르크(H. Oldenbrug, 1618-1677) 159, 161

요한 프리드리히(J. Friedrich, 1652-1679) 155, 158, 169, 171, 202

위클리프(J. Wucliffe, 1328-1384) 83

인노센트 11세(Innocent XI, 1611-1689) 173

ㅈ

자르투(P. Jartoux, 1668-1720) 179

존 케일(J. Keill, 1671-1721) 183

제임스 1세(James VI & I, 1566-1625) 165

쯔뷜퍼(J. Zwelfer, 1618-1668) 70

ㅊ

치른하우스 (E. W. von Tschirnhaus, 1651-1708) 160

ㅋ

카타리나 슈뮤크(C. Schmuck, 1625-1664) 155

칼뱅(J. Calvin, 1509-1664) 35, 37, 170

케플러 (J. Kepler, 1571-1630) 156

코르두스(V. Cordus, 1618-1668) 70

콜린스(J. Colins, 1625-1683) 161

크리스티나(Christina, 1626-1689) 173

크리시피우스(Chrysippus, B.C. 279-206) 87

키케로(M. T. Cicero, B. C. 106-43) 83, 87, 155

ㅌ

토마지우스(J. Thomasius, 1622-1684) 156

테오프라스투스(Theosphrastus, B.C. 371-287) 20

튜링(A. Tuering, 1921-1954) 171

ㅍ

파브리(H. Fabri, 1608-1688) 83

판 레이웬후크(A. van Leeuwenhoek, 1632-1723) 169

폰노이만(V. J. von Neumann, 1903-1957) 171

프레게(G. Frege, 1848-1925) 171

프리드리히 5세(Friedrich V, 1596-1632) 171

ㅎ

헤겔(G. W. F. Hegel, 1770-1831) 4

홉스(T. Hobbes, 1588-1676) 31, 83, 159, 160

후크(R. Hooke, 1635-1703) 161, 169

히스파누스(P. Hispanus, 1270 †) 157

찾아보기

단어

ㄱ

가능성 21, 27, 29, 54, 70, 76, 80, 83, 84, 87, 112, 114, 147

가능 지성 20, 21, 26

감각 14, 15, 16, 22, 25, 26, 42, 43, 51, 92, 93, 123, 129

개념 16, 18, 19, 25, 38, 41, 49, 54, 57, 58, 62, 67, 76, 80, 83, 84, 102, 103, 125, 146, 156, 157, 164, 168, 171, 176, 178

개별화 4, 6, 17, 18, 27, 145, 146, 147, 148, 156

개별화 원칙 145, 146, 147, 156

게으른 거짓 추론 85, 86

공통 감각 26

기독교 운명 85

ㄴ

낙관론 4, 23

낙담 47, 48

능동 지성 20, 21, 26

ㄷ

대칭 24

동음 이어 46

동일한 사물 4, 55, 56, 58

ㅁ

마귀 17, 38, 91, 136

매체 61, 105

메타모르포시스 103, 107

모나드 2, 24, 124, 168, 169, 173, 174, 175, 176, 178

모순 19, 35, 75, 76, 79, 84, 92, 101, 102, 115, 117, 130, 164

모하메드 운명 85

목적 원인 24, 40

몸 3, 4, 15, 79, 125

무리수 56

무신론자 29, 58, 126, 143, 158

무조건적 필연성 80, 83

미움 13, 23, 24, 36, 42, 43, 118, 119, 122, 123, 129, 135

ㅂ

바알세불 26, 134, 135, 137, 138, 139

반성 22, 51, 106, 111, 119, 120, 175

배신자 46

변신론 3, 5, 10, 11, 103, 131, 171, 172

보편 국가 123, 124

부분 8, 21, 28, 37, 38, 40, 41, 56, 66, 71, 82, 90, 107, 122, 147, 152, 175, 177

부조화 16, 59

분열의 핵 23, 122

불가능 17, 19, 29, 39, 54,

　　　　58, 61, 66, 70, 72,
　　　　75, 76, 77, 80, 81,
　　　　82, 83, 84, 85, 113,
　　　　125, 142, 144, 147,
　　　　172
불멸성 43
불행 4, 23, 24, 43, 44,
　　　　108, 109, 110, 111,
　　　　112, 114, 116, 118,
　　　　120, 124, 129, 136,
　　　　141, 171
불협화음 17, 36, 66, 90,
　　　　92, 144
비관 4, 23, 130
비존재 39, 61, 78, 89, 95
비호환성 102

ㅅ

사건 38, 51, 52, 60, 67,
　　　　78, 82, 84, 86, 88,
　　　　115, 124, 127, 171
사랑 3, 4, 9, 13, 17, 18,
　　　　23, 24, 25, 30, 31,
　　　　34, 35, 36, 37, 43,
　　　　44, 45, 46, 88, 118,
　　　　122, 125, 126, 127,
　　　　128, 129, 132, 134,
　　　　137, 143, 171
사유 3, 12, 13, 14, 20, 21,
　　　　26, 33, 34, 41, 43,
　　　　47, 51, 69, 70, 85,
　　　　88, 104, 105, 108,
　　　　119, 122, 150, 152,
　　　　156, 174
사유 실험 150
선동자 91
섭동 29, 126

세례 8, 9, 29, 30, 122, 153, 155
수도자 131, 133, 134, 135, 136, 137, 138, 139, 140
수의 이념 57
순번 19, 52
스토아 운명 85
시간 3, 4, 18, 19, 22, 26, 27, 34, 43, 45, 83, 89, 113, 125, 128, 134, 145, 146, 147, 148, 162, 167, 173, 176
신적인 의지 93, 94
신적인 지성 93
심리적 관점 44, 47, 48, 49

ㅇ

아니마 16
아니무스 16
아담 19, 38, 80, 150
악 3, 25, 26, 31, 36, 37, 38, 43, 44, 54, 55, 56, 58, 73, 75, 82, 87, 91, 103, 104, 107, 108, 109, 110, 112, 115, 119, 131, 132, 136, 137, 139, 161, 163, 171, 175, 176
양자 엉킴 82
양자 역학 23, 82
언어 사용 68, 84
에우독사 130
에피스테메 9
에피스테몬 9

45, 88, 89, 90, 94, 111,
116, 131, 132, 133,
139, 169, 173, 174
의지 4, 13, 14, 25, 31, 36,
38, 47, 49, 50, 54,
55, 56, 57, 58, 59,
60, 65, 67, 70, 73,
77, 78, 86, 92, 93,
94, 95, 96, 97, 98,
99, 100, 102, 104,
105, 106, 108, 113,
114, 115, 124, 125,
127, 128, 131, 138,
140, 145
이브 19, 150
이성 사용 99, 106
이중 진리 21, 22, 153
이해 26, 34, 35, 41, 56,
57, 74, 76, 78, 79,
80, 86, 94, 100,
103, 104, 107, 114,
119, 120, 121, 124,
128, 132, 136, 140,
142, 144, 146, 147,
150, 151, 153, 155,
162, 171, 176

ㅊ

충족 근거 25, 53, 63, 73
충족 이유율 24, 39, 95, 161

ㅋ

코나투스 65, 125

ㅌ

통각 146, 175
특별 은총 35

ㅍ

파라독사 130

평화 12, 17, 74, 132, 135,
136, 155, 160, 162

폭군 46, 138

필연성 12, 38, 67, 69, 70,
79, 80, 82, 83, 84,
86

ㅎ

하나님 1, 3, 4, 5, 6, 8, 9,
10, 12, 13, 14, 15,
16, 17, 20, 21, 22,
23, 24, 25, 26, 29,
30, 31, 32, 33, 34,
35, 36, 37, 38, 39,
41, 42, 43, 44, 45,
46, 47, 49, 50, 51,
52, 53, 54, 55, 56,
57, 58, 59, 61, 62,
63, 64, 65, 66, 67,
68, 69, 72, 73, 74,
75, 76, 78, 79, 80,
81, 82, 84, 87, 88,
89, 90, 91, 92, 93,
94, 95, 101, 102,
104, 105, 112, 113,
114, 115, 118, 119,
121, 122, 123, 124,
125, 126, 127, 128,
129, 130, 131, 132,
133, 134, 135, 136,
137, 138, 139, 140,
141, 143, 146, 150,
151, 152, 163, 164,
169, 171, 172, 174,

175, 179

하나님의 존재 12, 13, 51,
    58, 59, 61, 64, 67,
    78, 81, 84

행복 15, 23, 24, 27, 31,
    32, 33, 34, 37, 43,
    44, 80, 87, 101,
    107, 109, 110, 112,
    118, 120, 121, 122,
    129, 132, 133, 135,
    171

행위 13, 20, 25, 41, 47,
    49, 50, 52, 54, 55,
    77, 85, 86, 88, 92,
    93, 95, 96, 97, 98,
    99, 104, 115, 140,
    149

허락 10, 37, 50, 78, 90,
    142

헥세이타스 18, 146

현상 13, 23, 24, 34, 54,
    67, 78, 161, 162,
    169, 173, 174, 175,
    176

형이상학적 필연성 80

형태 변화 107

호기심 40

호환성 102